中庸

钱穆先生推荐的中国人必读的九部书

本书编著／张 践

山东城市出版传媒集团·济南出版社

图书在版编目（CIP）数据

中庸/张践编著．——济南：济南出版社，2017.7
（钱穆先生推荐的中国人必读的九部书／钱逊主编）
ISBN 978-7-5488-2687-3

Ⅰ.①中… Ⅱ.①张… Ⅲ.①儒家②《中庸》—注释③《中庸》—译文 Ⅳ.①B222.1

中国版本图书馆CIP数据核字（2017）第190355号

出 版 人	崔 刚
丛书策划	冀瑞雪
责任编辑	冀瑞雪 李廷婷
图书审读	郭齐家 牟钟鉴
装帧设计	侯文英

出版发行	济南出版社（250002）
地　　址	济南市二环南路1号
电　　话	0531-86131747（编辑室）
	86131747　82709072　86131729
	86131728（发行部）
印　　刷	山东新华印刷厂潍坊厂
版　　次	2017年9月第1版
印　　次	2017年9月第1次印刷
开　　本	150毫米×230毫米　1/16
印　　张	6.5
字　　数	65千
印　　数	1-8000册
定　　价	19.00元

丛书编写委员会

总 主 编　钱　逊
执行总主编　于建福
委　　　员　(以姓氏笔画为序)
　　　　　　于建福　朱汉民　刘长允　张　践　吴　光
　　　　　　钱　逊　殷　慧　颜炳罡　冀瑞雪
本 书 编 著　张　践

总序言

2017年1月，中共中央办公厅、国务院办公厅印发了《关于实施中华优秀传统文化传承发展工程的意见》（以下简称《意见》）。《意见》指出，传承发展中华优秀传统文化是全体中国人的共同责任，要把中华优秀传统文化传承发展的各项任务落实到农村、企业、社区、机关、学校等城乡基层，形成人人传承发展中华优秀传统文化的生动局面。一场全民参与的传承发展中华优秀传统文化的活动正在兴起。

要传承发展，首先要了解。学习中华文化经典，是传承发展的前提和基础。现在，人们迫切要求学习中华传统文化经典，热情高涨。而普遍的一个困惑是，传统文化博大精深，传世经典浩如烟海，学习经典从何下手？从哪些经典开始？

半个世纪前，台湾曾经开展过一次"复兴中华文化运动"，当时人们也面临着这个问题。在台湾的钱穆先生，就这个问题做过一次讲演，题为"复兴中华文化人人必读的几部书"，向大家推荐了一个书目。这个书目共包含九部书：四书——《论语》《孟子》《大学》《中庸》，《老子》

《庄子》《六祖坛经》《近思录》《传习录》。讲演中，钱先生还对这九部书作了简要的介绍。我们觉得钱先生推荐的书目和对九部书的介绍，对于我们学习中华传统文化经典有很好的借鉴意义，因此决定把这九部书集成一套，定名为《钱穆先生推荐的中国人必读的九部书》，选用《中华传统文化经典教师读本》相关各书，稍作调整，重新出版，供读者选读。同时，将钱先生讲话中介绍九部书的部分内容摘录于下。以此作为本书总序。

四书——《论语》《孟子》《大学》《中庸》[①]

我想举的第一部书是《论语》。你若要反对中国文化，那很简单，第一就该打倒孔家店。当时立意要打倒孔家店的人，就都在《论语》里找话柄。如说："唯女子与小人为难养也"，说这是孔子看不起女人。又如说"民可使由之，不可使知之"，说孔子主张愚民政策。又如"子见南子"，把来编成剧本表演，拿《论语》里凡可以挑剔出毛病的，都找出来。至于如《论语》开卷所说"学而时习之，不亦说乎？"有何毛病呢？这就不管了。至少从汉朝开始，那时中国人就普遍读《论语》，像如今天的小学教科书。《论语》《孝经》《尔雅》，人人必读。《尔雅》是一部字典，现在我们另外有合用的字典，不需要读《尔雅》。《孝经》今天也不须读，已经经过很多人研究，《孝经》并

---

① 以下内容摘自钱穆：《钱宾四先生全集》第44册《中国文化丛谈·复兴中华文化人人必读的几部书》，第225－237页。

不是孔子讲的话。我想《论语》还应该是我们今天人人必读的一部书。倘使要找一部比论语更重要，可以用来了解中国文化，又是人人可读的，我想这不容易。只有《论语》，照我刚才所讲条件，从汉朝起，到我们高呼打倒孔家店时为止，本是人人必读的，在中国没有一个读书人不读《论语》，已是经历了两千年。我们要了解一些中国文化，我想至少该看看《论语》。

既然要读《论语》，便连带要读《孟子》。讲孔子讲得最好的，莫过于孟子，宋代以后的中国人常合称孔孟。唐朝以前只叫周、孔，不叫孔、孟，这不能说不是中国后代一个大进步。说周孔，是看重在政治上。说孔孟，是看重在学术、教育上。至少从宋朝到现在，一般中国人都拿孔孟并称，所以我们读《论语》也该连读《孟子》。《论》《孟》这两本书我现在举出为大家该读之书，读了《论语》有不懂，再读《孟子》，容易帮我们懂孔子。

既然讲到《论语》和《孟子》，又就联想到《大学》和《中庸》，这在宋代以来合叫做《四书》。实际上，《大学》《中庸》只是两篇文章，收在《小戴礼记》中，不算是两部独立的书。但很早就有人看重这两篇文章。到了宋朝，特别是到了朱夫子，就拿《大学》《论语》《孟子》《中庸》，合称《四书》。他说《大学》是我们开始第一本该读的。中间所讲格物、致知、诚意、正心、修身、齐家、治国、平天下，八个大纲领。把中国学术重要之点全包在内。使一个初学的人，开始就可知道我们做学问的大规模，有这样八个纲领。至于如何来讲究这格物、致知、诚意、正心、修身、齐家、治国、平天下这一套，就该进而读《论语》和《孟子》。这样读过以后，才叫我们读《中庸》。《中庸》有些话讲得深微奥妙，好像我们今天说太哲学了。所以朱子说，《四书》的顺序，该最后才读《中庸》。后来坊间印本书，《大学》《中庸》的分量都太单薄了，就把这两本书合订成一本，于是小孩子跑进学校，就先读《大学》《中庸》，再读《论语》《孟子》，这就违背了我们提倡读四书的人的原来意见。可是《四书》认为是我们人人必读的书，从元朝就开始，到今天已经七百年。

我的想法，我们既然要读《论语》《孟子》，兼读《大学》《中庸》也省事，而且《大学》《中庸》这两篇文章，也是两千年前已有，中间确也有些很高深的道理。我们不必把它和《语》《孟》再拆开，说读了《语》《孟》，便不必读《学》《庸》，所以我主张还是恢复旧传统旧习惯，依然读《四书》，只把读的方法变动些。不要在开始进学校识字就读，我也不主张在学校里正式开这《四书》一门课。我只希望能在社会上提倡风气，有了高中程度的人，大家应该看看这《四书》。尤其重要的，读《四书》一定该读朱子的《注》。提倡《四书》的是朱子，朱子一生，从他开始著作，经历四十年之久，把他全部精力多半放在为《四书》作注这一工作上，因此朱子的《论孟集注》《学庸章句》可以说是一部非常值得读的书。我们中国的大学者，多方面有成就，在社会上有最大影响的，所谓"集大成"的学者，上面是孔子，下面是朱子。朱子到今天也已八百年，我们不该不看重这个人。《四书》是两千年前的书，今天我们不易读。我们拿八百年前朱子的注来读两千年前的《四书》，这就容易些。直到今天，还没有一个人注《四书》能超过了朱子。所以我希望诸位倘使去读《论语》《孟子》《大学》《中庸》，一定要仔细看朱子的《注》。

我再敢直率讲一句，倘使我们读了《四书》，就不必读《五经》。当时宋朝人提出这《四书》来，就是要我们把《四书》来替代《五经》。读《四书》，既省力又得益多。至于《五经》，在汉代以来就规定为大学教材的，然而《五经》不易读。在汉时，已经讲得各家各说，莫衷一是。朱子也曾在《五经》里下工夫，但他一生，只讲了两部经，一是《诗经》，一是《易经》。可是他后来说他的工夫浪费了，他读《诗》《易》所得，远不如他读《四书》所得之多而大。倘使我们今天还要拿《诗》和《易》来做人人必读的书，那就有些不识时务。至于《春秋》，那是孔子自己写的，但谁能真懂得《春秋》？朱子说，他对《春秋》实在不能懂。直到今天，也没有人真能懂。讲《春秋》的，就要根据《左传》《谷梁传》《公羊传》，把这《三传》的讲法来讲《春秋》，但《三传》讲法又不同。所以讲《春秋》的一向要吵架。朱子劝他学生们且不要去读《春秋》，现在人还要来讲《春秋》，这是自欺欺人。谁也不懂得。又若讲礼，《仪礼》十七篇今天社会上那里行得通。而且从唐代韩昌黎起他已说不懂这部书。从唐到清凡是讲礼的，都得是专家之学，不是人人能懂，而且也易起争辨。若论《书经》，清代如戴东原，近代如王静安，都说它难读难懂。目前学者，还不见有超出戴、王的，他们如何却对《书经》能读能懂。所以我认为到今天我们还要来提倡读经，实是大可不必了。但我也并不是要主张废止经学，经学可以待大学文科毕业，进入研究院的人来研究。纵使在大学研究院，也该郑重其事。近代能读古书的大师如梁任公、王静安他们在清华大学研究院作导师，也不曾提倡研究经学。若要稍通大义则可，要一部一部一字一句来讲，要在经学中作专门研究，其事实不易。王静安研究龟甲文，讲训诂，讲经学。据说他劝学者略看《仪礼》，因为名物制度有些和研究龟甲文有关。譬如一个庙，一项祭典，一件衣服，龟甲文中有些字非参考《仪礼》《尚书》守古经典不可。一言以蔽之，我并不反对大学研究院有绝顶的高才生，真等经学专家作导师，再来研究《五经》，来一部一部作研究。可是从宋朝起，一般而论，大家就已不像汉、唐时代以经学为主。元、明、清三朝的科举考试，虽也考《五经》，实际上只要第一场《四书》录取，第二场以下的《五经》只是名义上亦加考试，而录取标准并不在此。这三朝来，如《通志堂经解》，《清经解》正、续编，卷帙繁重，真是汗牛充栋，不先理会这些书，又如何来对经学上有更进一步之新发现。所以我认为我们今天虽要提倡文化复兴，似乎可以不必再要人去读《五经》。读通《五经》的是孔子，我们今天读了孔子的书，也就够了。而且经学中也尽有孔子所没有读过的，譬如《仪礼》，这是孔子以后的书，孔子一定没有读过。

今天我们要讲复兴文化，并不是说不许人复古，但古代的东西也该有一选择。更要是使人能了解。近人又认为"五经"虽难懂，翻成语体文便易懂，但先要有人真能懂，才能翻。若请梁任公、王静安来翻，他们必然敬谢不敏。在清朝时代讲经学，那时尚有个行市、行情。一人说错了，别人来纠正。今天经学已无行市、行情可言，大家不管了，一个人如此讲，别人也无法来批评，你是一个专家，尽你讲，没人作批评。却要叫人人来读你翻的，那太危险了。所以我想《五经》最好是不读，我们就读《四书》吧。

《老子》《庄子》

但是我要告诉诸位，讲中国文化，也不是儒家一家就可以代表得尽，还有《庄子》《老子》道家一派的思想，从秦开始到清也历两千载。我们最多只能说道家思想不是正面的、不是最重要的。但不能说在中国文化里没有道家思想之成分。儒、道两家思想固有不同，但不能说此两派思想完全违反如水火冰炭不相容。我们要构造一所房子，决不是一根木头能造成的。我们讲文化，也决不是一家思想所能构成。

中国自汉到清,恐怕讲过《庄子》《老子》书的很多,不曾读过《庄子》《老子》书的很少。如陆德明《经典释文》中有《庄》《老》,但无《孟子》。宋以前不论,宋以后虽则大家读《四书》,但还是大家都兼看《庄》《老》。我想要讲中国文化,应该把《孔》《孟》《庄》《老》定为"四书"。儒、道两家在中国传统文化中是一阴一阳,一正一反,一面子,一夹里。虽在宋朝以下,所谓《四书》是《大学》《中庸》《论语》《孟子》,可是我们今天是要讲中华文化,不是单讲儒家思想。儒家思想是中国文化里一根大梁,但其他支撑此文化架构的,也得要。所以我主张大家也不妨可以注意读《庄》《老》。《老子》只有五千言,其实《论语》也不过一万多字,《孟子》多了,也不过三万多字。今人一动笔,一口气写一篇五千一万三万字的文章并不太困难,读《论语》《老子》《孟子》三书合共不超过六万字,这又有什么困难呀!每天看一份报章,也就五六万字一气看下了。只有《庄子》三十三篇较为麻烦一些。但我想,我们读《庄子》,只要读《内篇》七篇,不读其《外篇》《杂篇》也可以,当然喜欢全读也尽可全读。但《内篇》大体是庄子自己写的,《外篇》《杂篇》或许也有庄子自己的话,或许更多是庄子的学生及其后学们的话加上去。《内篇》七篇也不到一万字上下,读来很轻松。

若我们要读《庄子》《老子》的话,大家知道,《老子》

有王弼《注》，《庄子》有郭象《注》，但两部注书实不同。从王弼到郭象，还有几十年到一百年，这个时候正是中国大变的时候，等于我们从民国初年到今天，思想、学术、社会上各方面都大变。所以我们看王弼注的《老子》，也还不太离谱。至于郭象注《庄子》，文章写得很好，可是这些话是郭象自己的意见，并不是庄子的原意。我们若要研究中国思想史，应该有一个郭象的思想在那里。他的思想正在他的《庄子》注里面。倘使我们喜欢，当然郭象的文章比较容易读，庄子的文章比较难读。但是我们读了郭象《注》，结果我们认识了郭象的思想而误会了庄子的思想，那也不好。因此我想另外介绍一本注《庄子》的书，那是清代末年的王先谦。他有一部《庄子集解》，这部书商务印书馆有卖，篇幅不大。有两个好处：一是注得简单。庄子是一个哲学家，但他的注不重在哲学，只把《庄子》原文调直一番，加一些字句解释便是。第二个好处是他把《庄子》原文分成一章一节，更易读。若你读郭象《注》，读成玄英《疏》，一篇文章连下去，就较麻烦。能分章分节去读便较容易。《论语》《孟子》《老子》都是一章一章的，只有《庄子》是一长篇，所以要难读些。也把来分了章，便不难。若这一章读不懂，不妨跳过去读下一章，总有几章能懂的。

诸位当知，这些都是两千年前人的书，此刻我们来读，定不能一字一句都懂，你又不是在个大学开课设讲座，来讲孔、孟、庄、老。只求略通大义即得。纵使大学讲座教授，有学生问,这字怎样讲?教授也可说这字现在还无法确定讲,虽有几个讲法,我都不认为对,且慢慢放在那里,不必字字要讲究。大学教授可以这样,提出博士论文也可以这样。写一本研究《庄子》的书,也可说这里不能讲,讲不通。真讲书的人,其实那本书真能从头到尾讲,每一字都讲得清楚明白呢?这是一件不可能的事。假读书的人,会把这些来难你,叫你不敢读,或者一样来假读不真读。这些话,并不是我故意来开方便之门,从来读书人都如此。能读通大义,才是真读书。或许诸位会问,那么朱子注《四书》不也是逐字逐句讲究吗?但朱子是个数一数二的大学者,他注《四书》为方便我们普通读《四书》的人。我们是普通的读书人,为要读书,不为要注书。而且我们只要普通能读,不为要人人成学者。这里是有绝大分别的。从前人说读《六经》,我想现在把《论语》《孟子》《大学》《中庸》《老子》《庄子》定为"新六经",那就易懂,而且得益也多些。

《六祖坛经》

以上所讲都是秦朝以前的古书,但我还要讲句话,中国的文化传统里,不仅有孔子、老子,儒家道家,还有佛学。其原始虽不是中国的,但佛教传进中国以后,从东汉末年到隋唐,佛学在中国社会普遍流行,上自皇帝、宰相,下至一切人等信佛教的多了,实已成为中国文化之一支。直到今天,我们到处信佛教的人还是不少。印度佛教经典,几乎全部翻成了中文,如《大藏经》《续藏经》,所收真是浩瀚惊人，而且历代的《高僧传》，不少具有大智慧、大修养、大气魄、大力量的人，在社会上引起了大影响，那些十分之九以上都是中国人，你那能说佛教还不是中国文化的一支呢？这正是中国民族的伟大，把外来文化吸收融化，成为自己文化之一支。

据此推论，将来我们也能把西方文化吸收过来融化了，也像佛教般，也变成为中国文化之又一支，那决不是一件不可想像的事。而且佛教是讲出世的，孔、孟、庄、老都是讲入世的，出世、入世两面尚能讲得通，至于我们吸收近代西方文化讲民主、讲科学，这些都是入世的，那有在中国会讲不通之理？从前中国人讲修身、齐家、治国、平天下，讲治国平天下怎样不讲经济？又怎样不喜欢讲民主？我们何必要拿这所房子里的东西一起全搬出去了，才能拿新的进来。从前人讲佛教，拿佛经一部一部的翻，使中国社会上每个人都能读，何尝是先要把中国古书烧掉，抑扔进毛厕去。今天讲西方文化的人，却不肯把西方书多翻几本，有人肯翻，却挑眼说他翻错了。翻错了也不打紧，《金刚经》薄薄一小本，不也翻了七次吗。不论翻书，连讲话也不肯讲中国话，必要用英语讲，至少遇话中重要字必讲英语。这样，好像存心不要外国文化能变成中国文化，却硬要中国舍弃自己一切来接受外国文化，那比起中国古僧人来，真大差劲了。最了不起的是唐玄奘，他在中国早把各宗派的佛经都研究了，他又亲到印度去。路上千辛万苦不用提,他从印度回来,也只从事翻译工作。他的翻译和别人不同,他要把中国还没有翻过来的佛经关于某一部分的全部翻。他要把全部佛教经典流传在中国,那种信仰和气魄也真是伟大。

若使现代中国这一百年乃至五十年来,亦有一个真崇信西洋文化像玄奘般的人来毕生宏扬,要把西方文化传进中国来,也决不是一件难事。若使玄奘当时,他因要传进佛学先来从事打倒孔子、老子,我也怕他会白费了精力,不仅无效果,抑且增纠纷。

隋唐时,佛教里还有许多中国人自创的新宗派,以后认为这些是中国的佛学。这里有三大派,天台宗、禅宗、华严宗,而最重要的尤其是禅宗。在唐以后中国社会最流行,几乎唐以后的佛教,成为禅宗的天下。我这些话,并不是来提倡佛教,更不是在佛教里面来提倡禅宗,诸位千万不要误会。或许有信佛教的人在此听讲,不要认为我太偏,我来大力讲禅宗,我只说中国唐代以后,中国佛教中最盛行的是禅宗。这只是一件历史事实。因此我要选出唐代禅宗开山的第一部书,那就是《六祖坛经》。这是在中国第一部用白话文来写的书。这书篇幅不大,很易看,也很易懂。而且我们此刻自然有不少人热心想把西洋文化传进中国,那更该一读此书,其中道理,我不想在此详细讲。

我记得我看《六祖坛经》,第一遍只看了整整一个半天,就看完了,但看得手不忍释。那时很年轻,刚过二十岁,那天星期,恰有些小毛病,觉得无聊,随手翻这书看,我想一个高中学生也就应该能读这本书的了。如此一来,我上面举出的书里,儒、释、道三教都有了。也许有人又要问,你为什么专举些儒、释、道三教的书,或说是有关思想方面的书呢?这也有我的理由。若讲历史,讲文学,讲其他,不免都是专门之学,要人去做专家。我只是举出一些能影响到整个社会人生方面的书,这些书多讲些做人道理,使人人懂得,即如何去做一个中国人。若能人人都像样做个中国人,自然便是复兴中国文化一条最重要的大道。这是我所以举此诸书之理由。这样我上面举了六经,此刻加上《六祖坛经》,可以说是"七经"了。

《近思录》《传习录》

从唐代《六祖坛经》以后,我还想在宋、明两代的理学家中再举两书。诸位也许又要说,理学家不便是儒家吗?但我们要知道,宋明两代的理学家已经受了道家、佛家的影响,他们已能把中国的儒、释、道三大派融化会通成为后代的"新儒家"。

从历史来说,宋以后是我们中国一个新时代,若说孔、孟、老、庄是上古,禅宗《六祖坛经》是中古,那宋明理学便是近古,它已和唐以前的中国远有不同了。现在我想在宋明理学中再举出两部书来:一部是朱子所编的《近思录》,这书把北宋理学家周濂溪、程明道、程伊川、张横渠四位的话分类编集。到清朝江永,把朱子讲的话逐条注在

《近思录》之下，于是《近思录》就等于是五个人讲话的一选本。这样一来，宋朝理学大体也就在这里了。

也许有人说我是不是来提倡理学呢？这也不是。在《近思录》的第一卷，朱子自己曾说，这一卷不必读。为何呢？因这中间讲的道理太高深，如讲《太极图》之类，也可说是太哲学了。既不要人人做一哲学家，因此不必要大家读。下面讲的只是些做人道理，读一句有一句之用，读一卷有一卷之用，适合于一般人读，不像前面一卷是为专门研究理学的人读的，所以我们尽可只读下面的。我选此书，也不是要人去研究理学，只是盼人注重"做人"，则此书实是有用的。

最后一本是明代王阳明先生的《传习录》，这本书也是人人能读的。我劝人读《六祖坛经》，因六祖是一个不识字的人。当然后来他应识得几个字，可是他确实不是读书人。他也不会自己来写一本书。那部《坛经》是他的佛门弟子为他记下，如是的一本书，我说一个高中程度的人应能读。至于王阳明自己是一个大学者，但他讲的道理，却说不读书人也能懂，他的话不一定是讲给读书人听，不读书人也能听。而且阳明先生的《传习录》，和朱子的《近思录》，恰恰一面是讲陆王之学的，一面是讲程朱之学。宋明理学中的两大派别，我也平等地选在这里。教人不分门户平等来看。

钱　逊
2017年7月1日

第一部分　宗旨篇　／017

第二部分　明道篇　／023

第三部分　行道篇　／035

第四部分　成道篇　／070

第五部分　境界篇　／095

第一部分 宗旨篇

天命之谓性①,率性之谓道②,修道之谓教③。

◎ 注释

①〔天命之谓性〕朱熹注释说:"命,犹令也。性,即理也。天以阴阳五行化生万物,气以成形,而理亦赋焉,犹命令也。"(《中庸章句》,以下再引此书不再加注)天命就其本意来讲是上天的命令。在中国思想史上,人们对于"天命"的理解存在很大差异。夏、商、周三代实行神权统治,古代文献中的"天"就是"上帝","天命"就是神的命令。到了春秋战国时期,随着社会经济制度、政治制度的变迁,宗教信仰发生了动摇,社会上出现了否定天命神权的无神论思潮。儒家学说创始人孔子对于鬼神观念持一种存疑态度,但是肯定天命的存在。不过他所说的"天"更多的是一种自然之天、义理之天。孔子说:"天何言哉?四时行焉,百物生焉,

天何言哉?"(《论语·阳货》)天就是自然,"天命"则是自然运行的规则。孔子以后的儒家学者,大多是在这样的意义上使用"天命"的概念。这里所说的,就是自然赋予人的善良本性。儒学内部子思、孟子一派认为,人的本性是善良的。如孟子所说:"仁义礼智,非由外铄我也,我固有之。"(《孟子·告子上》)"仁义礼智"就是上天赋予人的"善根"。如朱熹所说:"于是人物之生,因各得其所赋之理,以为健顺五常之德,所谓性也。"

②〔率性之谓道〕率,遵循、依照、服从。道,道路。朱熹注释说:"率,循也。道,犹路也。人物各循其性之自然,则其日用事物之间,莫不各有当行之路,是则所谓道也。"也就是说,人们遵循自己的本性行事,就是符合道德的行为。

③〔修道之谓教〕修,修养、修习。教,教化、教育、教养。也就是说,按照自己本性进行修养、修习,就是圣贤的教化,社会的教育,人才的修养。儒家特别强调,道德修养不是外在于人,强迫改变人性的行为,而是人的本性的自然发扬。

◎ **大意**

上天赋予人的自然禀赋就是"人性",按照这种本性行事就是符合"道"的行为,按照道进行修养、修习就是圣贤的教化、教育。

> 道也者，不可须臾①离也，可离非道也。是故君子戒慎乎其所不睹②，恐惧乎其所不闻，莫见乎隐③，莫显乎微④，是故君子慎其独⑤也。

◎ **注释**

①〔须臾〕一会儿，形容时间很短。

②〔戒慎乎其所不睹〕戒慎，警觉和慎重。乎，介词，相当于"于"。其所不睹，指别人看不到的事物。整句话的意思是在别人看不到的地方也要保持警觉和慎重，不能放肆妄为。

③〔莫见（xiàn）乎隐〕莫，无定代词，指没有什么。见，同"现"。隐，隐蔽、隐藏。没有什么隐藏的事物不能显现出来。

④〔莫显乎微〕显，显现、暴露。微，微细、微小。指没有什么微小的事物不会发展显露出来。

⑤〔慎其独〕对于独处、独做之事，尤其要戒惧谨慎。

◎ **大意**

"道"是人们生活中片刻不可离的东西，如果可以离开，那就不是真正的"道"了。所以，君子应当在别人看不到的地方时刻保持戒惧谨慎，在别人听不到的地方常怀恐惧之心。没有什么隐藏的东西不会显露,没有什么细微的东西不会发展起来。所以君子要有一种"慎独"的品格。

> 喜怒哀乐之未发,谓之中①;发而皆中节②,谓之和③。中也者,天下之大本④也;和也者,天下之达道⑤也。致中和⑥,天地位焉,万物育焉⑦。

◎ 注释

①〔中〕指不偏不倚、中正合度的一种状态。朱熹注释说:"喜、怒、哀、乐,情也。其未发,则性也,无所偏倚,故谓之中。"思孟学派认为人性善,这个善良的人性指的是喜、怒、哀、乐诸情未发时的纯真本性。以这种本性处事,自然也是符合中庸之道的,故能不偏不倚。

②〔中(zhòng)节〕中,合乎,符合。指恰好符合、恰当合度、恰如其分等意思。节,符节,指准则、法度一定的程度、限度。整句话是说,喜怒哀乐等诸种感情所发皆恰当、合适。

③〔和〕原指音乐的和谐,泛指和顺、和谐。朱熹注释说:"发皆中节,情之正也,无所乖戾,故谓之和。"如果情感的表达方式适当,产生的效果就是社会和谐。

④〔大本〕根本、根源。朱熹注释说："大本者，天命之性，天下之理皆由此出，道之体也。"中道是天命所赋予的，是世界的根本，那些具体的道理都是由此派生的。

⑤〔达道〕指通达的道路，也指普遍规律。朱熹注释说："达道者，循性之谓，天下古今之所共由，道之用也。"这里是指循人性本真而行，实现和谐才是人类社会共同的道路。

⑥〔致中和〕致，推广、达到。朱熹注释说："推而极之也。"致中和，指人应大力推广中和之道，这是儒家提倡的社会发展方向。

⑦〔天地位焉，万物育焉〕天地位焉，指天地之间自然万物，都顺循自身的规律而行，各安其地位。万物育焉，指自然万物发育生长。朱熹注释说："自戒惧而约之，以至于至静之中，无少偏倚，而其守不失，则极其中而天地位矣。自谨独而精之，以至于应物之处，无少差谬，而无适不然，则极其和而万物育矣。"即人如果能够对天命所赋予的道有所敬畏，处事没有偏倚，行为谨慎戒惧，不犯错误，则天地运行正常，万物生长茂盛，社会自然和谐。

◎ **大意**

喜怒哀乐等情绪在没有表现出来之前的状态，叫作中；表现得恰当没有偏失，叫作和。这个

"中"是宇宙万物运动的总根源和根本道理,这个"和"则是天下最根本的道路和准则。如果推广、发扬中和之道,天地就能各安其位,万物就能发育生长。

第二部分 明道篇

> 仲尼①曰:"君子中庸,小人反中庸。君子之中庸也,君子而时中②。小人之中庸也③,小人而无忌惮④也。"

◎ 注释

①〔仲尼〕即孔子,孔子名丘,字仲尼。孔子出生在尼山脚下的夫子洞中,他有一个哥哥叫孟皮,古人按孟、仲、叔、季排列兄弟次序,因此孔子的字是仲尼。

②〔时中〕时,时时。中,中庸。儒家认为君子的中庸,应当是随顺时代的发展而秉持的中庸,并没有一种固定的模式,更不是以古人的中庸之道来约束今人。朱熹解释说:"君子之所以为中庸者,以其有君子之德,而又能随时以处中也。"如何判断自己的行为是否符合中庸之道呢?君子主要从自己的道德良知出发,保住天赋的本性,所以能够正确判断形势的是非,"随时以处

中"。

③〔小人之中庸也〕朱熹《四书章句集注》正文写作"小人之中庸也",但是朱熹又说:"王肃本作'小人之反中庸也',程子亦以为然。今从之。"显然朱熹赞同王肃、程颐的意见,认为这里丢了一个"反"字,应将这句话改成"小人之反中庸也"。

④〔无忌惮〕忌,顾忌;惮,畏惧。无忌惮,形容小人出于一己之私利,胆大妄为,办事过分的样子。在现实世界中,凡是办事不择手段,爱走极端的人,都是违反道德的人。

◎ 大意

孔子说:"君子的行为是符合中庸之道的,而小人的行为则是违反中庸之道的。君子符合中庸之道的行为,是顺随时代发展的;而小人违反中庸之道的极端行为,则表现为肆无忌惮。"

> 子曰:"中庸其至矣乎①,民鲜②能久矣!"

◎ 注释

①〔中庸其至矣乎〕其,语气副词,表示推测、估计。至,极致,完备。

②〔鲜(xiǎn)〕很少。

◎ **大意**

孔子说:"中庸是最高的道德吧?民众能做到的已经很少了。"

> 子曰:"道之不行也①,我知之矣,知者过之②,愚者不及也③。道之不明④也,我知之矣。贤者过之⑤,不肖者⑥不及也。人莫不饮食也,鲜能知味也⑦。"

◎ **注释**

①〔道之不行也〕道,指中庸之道。之,结构助词,用于主语与谓语之间,取消句子的独立性,使本句成为下一句"我知之矣"的主语。行,践行、施行。全句指道不能通行。

②〔知者过之〕知,同"智"。知者,即智者。他们做事往往超过道的要求。

③〔愚者不及也〕愚者,智能较差的人,他们做事往往达不到要求。

④〔道之不明〕指中庸之道在社会上并不显明。

⑤〔贤者过之〕贤能的人,他们做事往往超过道的标准。

⑥〔不肖者〕原指子不如父贤能者,这里泛指所有才能、道德不足者,他们做事往往达不到要求。

⑦〔鲜（xiǎn）能知味也〕鲜，很少。人们都要吃饭，但是很少有人真正懂得品尝食物的滋味。

◎ 大意

孔子说："中庸之道没有被民众广泛地践行，其原因我是知道的，智慧高的人办事往往超过限度，而蠢笨的人办事则往往达不到要求。中庸之道在社会上没有彰显、明达，其原因我是知道的。贤能的人办事往往超过限度，智能不足的人往往达不到要求。这就如同人人都要吃饭，但是很少有人能够品尝出食物的滋味。"

子曰："道其不行矣夫①！"

◎ 注释

①〔道其不行矣夫（fú）〕其，表示推测的语气助词。夫，语尾词，表示感叹。

◎ 大意

孔子说："道大概不能实行了吧！"

子曰："舜其大知也与①！舜好问而好察迩言②，隐恶而扬善③，执其两端④，用其中于民⑤，其斯以为舜乎⑥！"

◎ 注释

①〔舜其大知也与〕舜，传说中的圣王，名重华，因其为有虞氏部落的首领，也被尊称为虞舜。史称舜受尧的禅让，又禅让于禹，他们都是原始社会的部落首领。知，同"智"。此句意谓大舜是有大智慧的人。

②〔好（hào）察迩（ěr）言〕好，喜好。迩，近也。迩言，指浅显的言论，泛指一般民众的舆论。

③〔隐恶而扬善〕隐，隐瞒、隐藏。恶，不好的东西。扬，发扬、宣扬。善，好的东西。整句话是指舜提倡好的，压抑坏的。

④〔执其两端〕执，把握。两端，两方面极端的东西。执其两端，即把握事情两方面极端的情况。

⑤〔用其中于民〕将两方面极端的意见折中，取其中道用于民。

⑥〔其斯以为舜乎〕其，语气词，表示推测。斯，代词，这。乎，文言叹词，表示赞叹。整句话的意思是，这就是舜之所以成为贤明圣王的原因吧！

◎ 大意

孔子说："舜是个有大智慧的人。他喜欢发问，并且特别注意访察普通百姓的言论。隐去其中不好的东西，宣扬其中好的东西，掌握舆论各方面的极端言论，取其中道用于治民。这也许就是舜成为伟大圣王的原因吧！"

子曰:"人皆曰予知①,驱而纳诸罟、擭、陷阱之中②,而莫之知辟③也。人皆曰予知,择乎中庸,而不能期月④守也。"

◎ 注释

①〔人皆曰予知〕予,我。知,同"智",聪明。整句话的意思是,很多人都说自己很聪明。

②〔驱而纳诸罟(gǔ)、擭(huò)、陷阱之中〕驱,驱使。纳,收入、进入。诸,"之于"之意。罟,打鱼的渔网。擭,带有机关的捕野兽的笼子。此句话泛指被驱赶进入各种网笼陷阱之中。

③〔辟〕同"避",指不知道躲避。

④〔期(jī)月〕指一个整月。

◎ 大意

孔子说:"有些人自认为很有智慧,但是往往被一些利益诱惑进入各种网笼陷阱而不知躲避。有些人自认为聪明,但是选择了中庸之道却连一个月都坚持不下来。"

子曰:"回之为人也①,择乎中庸,得一善②,则拳拳服膺而弗失之矣③。"

◎ 注释

①〔回之为人也〕回，颜回，字子渊，故也称颜渊，是孔子的得意门生。在《论语》中，孔子多次表扬颜回，颜回被孔子认为是道德最高尚的学生。为人，做人。全句指：颜回的为人。

②〔得一善〕善，好的。得到一个好的道理。

③〔拳拳服膺（yīng）而弗失之矣〕拳拳，忠诚恳切的样子，形容颜回的至诚之心。服膺，服指吞下，膺指胸，服膺即装在胸中。朱熹注释说："拳拳，奉持之貌。服，犹着也。膺，胸也。奉持而着之心胸之间，言能守也。"

◎ 大意

孔子说："颜回在为人处世方面，选择了中庸之道作为自己的行动指南，就像他得到任何一个好的道理一样，牢牢地记在心中，不再将它失去。"

子曰："天下国家可均也①，爵禄可辞也②，白刃可蹈也③，中庸不可能也。"

◎ **注释**

①〔天下国家可均也〕天下,相对于国而言,指周天子所统辖的区域,包括王畿和各诸侯国。国,指诸侯所统治的区域,按照西周的分封制度,天子将天下的土地分封给自己的兄弟、子侄和功臣管理。家,指卿大夫的统治区域,诸侯将自己国内的土地分封给兄弟、子侄、功臣管理,大夫封地也是如此层层分封。均,治理、平定。泛指对于天下、国家的管理合理,实现大治。

②〔爵禄可辞也〕爵禄,即爵位和俸禄。按照周制,天子封公、侯、伯、子、男五等之爵,每一等级的爵位都有相应的俸禄。辞,推辞、谢绝,指谢绝天子分封的爵位与俸禄。

③〔白刃可蹈也〕白刃,闪着寒光的刀子。蹈,赤脚踏着锋利的刀刃走过去。

◎ **大意**

孔子说:"治理天下国家虽然很难,但是仍然有人可以管理好;高官厚禄虽然诱人,但是有人却可以谢绝;面对寒光闪闪的刀子虽然害怕,但还是有人敢于赤脚走过去。可是坚持中庸之道,却是很难有人做到的。"

子路问强①。子曰:"南方之强与?北方之强与?抑而强与②?宽柔以教③,不报无道④,南方之强也,君子居之⑤。衽金革,死而不厌⑥,北方之强也,而强者居之。故君子和而不流⑦,强哉矫⑧!中立而不倚⑨,强哉矫!国有道,不变塞焉⑩,强哉矫!国无道,至死不变,强哉矫!"

◎ 注释

①〔子路问强〕子路,姓仲名由,字子路,又字季路,春秋鲁国人,孔子的学生。子路在孔门弟子中以性格直率、好勇而著名。强,坚强、勇敢、刚毅。

②〔抑而强与〕抑,选择连词,相当于"或者""还是"。而,代词,同"尔",你,这里指子路。整句意思是:还是你所问的"强"?

③〔宽柔以教〕用宽柔的道德教化人们。

④〔不报无道〕对于无道的人也不报复。这里所说的无道,指的是违背道德,强横凶暴。

⑤〔君子居之〕君子,道德高尚的人。居,生活、停留。之,代词,这里的意思。

⑥〔衽(rèn)金革,死而不厌〕衽,卧席,这里指枕卧。金,武器。革,盔甲。整句话是说北方游牧民

族勇敢英武，即使生活艰苦，死于战场也不畏惧。

⑦〔和而不流〕处事平和但不随波逐流，这是君子应当具有的品格。

⑧〔强哉矫〕朱熹注释说："矫，强貌。《诗》曰：'矫矫虎臣'是也。"形容真正强者的样子。

⑨〔中立而不倚〕朱熹注释说："倚，偏着也。"指君子办事不偏不倚。

⑩〔不变塞焉〕朱熹注释说："塞，未达也。国有道，不变未达之所守。"塞，指受阻。人不因仕途受阻而改变自己的志向。

◎ **大意**

子路向孔子请教什么是强？孔子反问道："你问的是南方的强，还是北方的强？或者是你所谓的强呢？用宽宏仁和的道德去教育人民，对于凶狠野蛮的人也不报复，这是南方强的特点，也是道德君子愿意选择的一种强。枕戈待旦，死而无憾，这是北方人的强，是那些逞强者所选择的强。因此说，君子应当做到处事平和但不随波逐流，这才是真正的强啊！在社会上不被形势左右，办事坚持中立的立场，这才是真正的强啊！国家政治清明，不因个人的仕途受阻而改变做人的原则，这才是真正的强啊！国家政治混乱，仍然坚持良好的道德品质至死不渝,这才是真正的强啊!"

子曰:"素隐行怪①,后世有述焉②,吾弗为之矣③。君子遵道而行,半涂而废,吾弗能已矣④。君子依乎中庸,遁世不见知⑤而不悔,唯圣者能之。"

◎ 注释

①〔素隐行怪〕素,朱熹注释说:"按汉书当作索,盖字之误也。索隐行怪,言深求隐僻之理,而过为诡异之行也。"素隐行怪,指一些学者探索一些怪异的事物,行为失常古怪,以此沽名钓誉。

②〔后世有述焉〕后代有人记述那些索隐行怪的人和事,借以流传后代。

③〔吾弗为之矣〕意为"我不这样做",表示对"索隐行怪"的否定。

④〔吾弗能已矣〕已,停止。表示自己不能半路停止。

⑤〔遁世不见知〕遁世,遁指逃避,遁世指隐居世间,逃避现实社会的问题。不见知,见指被,不见知即不被人知晓。

◎ 大意

孔子说:"搜寻和探索那些隐僻失正的学问,

做一些怪异失常的举动,借以达到被后人记述以沽名钓誉的目的,这样的事情我是不做的。依据中庸之道而作为,有人会半路上停下来,我是决不会停止的。真正的君子一旦选择了中庸之道作为自己的指南,即使终生不被别人知晓也绝不后悔,只有达到圣人境界的人才能如此啊!"

第三部分 行道篇

君子之道费而隐①。夫妇之愚②,可以与知③焉,及其至也④,虽圣人亦有所不知焉;夫妇之不肖,可以能行焉,及其至也,虽圣人亦有所不能焉。天地之大也,人犹有所憾⑤。故君子语大,天下莫能载⑥焉;语小,天下莫能破⑦焉。《诗》云:"鸢飞戾天,鱼跃于渊⑧。"言其上下察⑨也。君子之道,造端乎夫妇⑩;及其至也,察乎天地。

◎ 注释

①〔费而隐〕费,朱熹注释说:"费,用之广也",指广大、广泛。隐,朱熹注:"隐,体之微也",指隐蔽、深奥、精微。整句话是说君子之道(即中庸之道)的道体隐蔽而精微,用途广大、广泛。

②〔夫妇之愚〕指普通的夫妇比较愚笨。

③〔与知〕与，给予。知，了解。整句话是说中庸之道可以被智能一般的夫妇了解、掌握。

④〔及其至也〕及，等到、到达。至，顶点、极致。指完全搞清楚。

⑤〔憾〕遗憾、不够满意。

⑥〔载〕承载、承受。

⑦〔破〕分开，指破解、分析。

⑧〔鸢(yuān)飞戾(lì)天，鱼跃于渊〕鸢，一种鹰。戾，至。这句话出自《诗经·大雅·旱麓》，子思引用《诗经》说明：中庸之道极为高深。朱熹注释说："子思引此诗以明化育流行，上下昭著，莫非此理之用，所谓费也。然其所以然者，则非见闻所及，所谓隐也。"

⑨〔察〕显著、明显。

⑩〔造端乎夫妇〕造端，起始、开始。乎，在，介词。指中庸之道开始于人们日常的家庭生活。

◎ **大意**

君子所行的中庸之道，广大而又精微。即使是文化水平不高的一般夫妇，也可以教育他们了解。不过要掌握中庸的最高境界，即使是圣人也很难做到。不太贤良的普通夫妇，也可以践行中庸之道；但是要把中庸之道贯彻到底，即使是圣人也有所不能。天地如此广大，但是人们还对其有所不满。所以君子说中庸之道非常广大，天下没有什么东西可以承载它；说中庸之道非常精微，没有什么东西可以剖析它。《诗经》说："鹰在高天飞翔，鱼在深渊游弋。"这就是说，中庸之道像天空中的老鹰和深渊中的鱼儿一样，从上到下都是很明显的。中庸之道是从普通夫妇的居家生活开始的，但是要达到最高的境界，唯有明察天地万物的运行规则。

子曰："道不远人①，人之为道而远人，不可以为道。《诗》云：'伐柯伐柯，其则不远②'。执柯以伐柯③，睨而视之，犹以为远④。故君子以人治人⑤，改而止。忠恕违道不远⑥，施诸己而不愿，亦勿施于人⑦。君子之道四，丘未能一焉：所求乎子，以事父⑧，未能也；所求乎臣，以事君⑨，未能也；所求乎弟，以事兄⑩，未能也；所求乎朋友，先施之⑪，未能也。庸德之行，庸言之谨⑫，有所不足不敢不勉⑬，有余不敢尽⑭，言顾行，行顾言，君子胡不慥慥尔⑮？"

◎ **注释**

①〔道不远人〕指中庸之道离人不远,就在人们的身边。朱熹注释说:"道者,率性而已,固众人之所能知能行者也,故常不远于人。"即只要能够按照自己的真性情率性而行,自然是符合道的。

②〔伐柯伐柯,其则不远〕这两句话出自《诗经·豳(bīn,古地名)风·伐柯》,讲一个樵夫去山中伐木,试图寻找一根适宜做斧子把的木材。柯,斧柄。则,法则、式样。

③〔执柯以伐柯〕拿着一柄斧子去砍削一把新的斧子柄,其实样式就在自己眼前。孔子引用《诗经》中的这句诗说明道不远人,就在身边。

④〔睨(nì)而视之,犹以为远〕睨,斜视之意。指斜眼看一下手中的斧柄,并没有看清楚,以为样式差别很大。

⑤〔故君子以人治人〕治人,管理民众。有道德的君子根据民众的不同情况采取不同的治理方法。

⑥〔忠恕违道不远〕忠,尽己。朱熹注释说:"尽己之心为忠。"忠的本意是对自己意愿的反思,能够彻底反思自己意愿的行为就是"忠"。恕,以己推人,朱熹注释说:"推己及人为恕",就是将自己的意愿推及于人。这句话是说:如果能够做到忠恕之道,离道的要求也就不远了。

⑦〔施诸己而不愿，亦勿施于人〕这是对忠恕之道的具体解释。反思自我的意愿，如果我不能接受的事物，也不要强加于人。施，施加、施行。朱熹注释说："施诸己而不愿，亦勿施于人，忠恕之事也。以己之心度人之心，未尝不同，则道之不远于人者可见。"

⑧〔所求乎子，以事父〕所求，要求。即要求自己儿子的事情，首先要对自己的父亲做到。父母是子女最好的老师，传承孝道要以身作则。

⑨〔所求乎臣，以事君〕要求自己臣下的事情，首先要对自己的君主做到。要求下级忠诚于自己，就必须先忠诚于上级。如孔子所说："其身正，不令而行。"

⑩〔所求乎弟，以事兄〕要求弟弟对自己恭敬，首先要恭敬地对待自己的兄长。

⑪〔所求乎朋友，先施之〕施，给予。要求朋友慷慨、讲信用，首先要自己做到对朋友慷慨、讲信用。自己这样做了，朋友也会这样对待你。

⑫〔庸德之行，庸言之谨〕庸德，平凡、细小的道德。庸言，普通的言论。对于平凡细小的道德要认真践行，对于平常的言论要谨慎出口。

⑬〔有所不足不敢不勉〕勉，努力。实践平常的道德还有不足的地方，不敢不继续努力。此句解释"庸德之行"。

⑭〔有余不敢尽〕指言谈有所保留，这是君子谨慎

的态度。此句解释"庸言之谨"。

⑮〔君子胡不慥慥(zào)尔〕慥慥,朱熹注释说:"笃实貌",形容君子忠厚诚实的样子。

◎ 大意

孔子说:"道是不会远离人的。人在实行道的过程中如果远离了'人'这个根本原则,那就不可能实行道了。《诗经》说:'砍制斧头把、砍制斧头把,斧头把的式样就在眼前。'人们手握斧头把去砍树木来做新的斧头把,而如果斜着眼睛不仔细看的话,还以为很远呢。所以君子治理百姓,就是要根据民众的不同情况采取不同的治理方法,只要能够改正就可以了。有了忠恕之道,离掌握中庸之道就不远了。别人施加于我而我不情愿,那我也不要如此施加于人。君子待人之道有四项,我孔丘一样也没有做到:要求儿子的事情,首先要这样对待自己的父亲;要求臣下对待自己做到的事情,首先要这样对待自己的君上;要求弟弟做的事情,首先要这样对待自己的兄长;要求朋友对自己做到的事情,首先要对朋友这样做。这些我都没有做到呀!对于日常一些细小的道德,应当认真践行,日常生活中的一些普通言论,要谨慎出口。道德上有所不足,要努力践行;言谈要留有余地,不能言过其实。所说的要照顾到所行的，所行的要照顾到所说的。真正的君子应当是一个忠厚笃实之人。"

> 君子素其位而行①，不愿乎其外②。素富贵，行乎富贵；素贫贱，行乎贫贱；素夷狄③，行乎夷狄；素患难，行乎患难。君子无入而不自得焉④。在上位不陵下⑤，在下位不援上⑥，正己而不求于人，则无怨。上不怨天，下不尤人⑦。故君子居易以俟命⑧，小人行险以徼幸⑨。子曰："射有似乎君子⑩，失诸正鹄⑪，反求诸其身。"

◎ 注释

①〔素其位而行〕素，平素、现在的意思。朱熹注释说："素，犹见在也。"即以现在所居之位，行所在之职责。

②〔不愿乎其外〕愿，希望、羡慕。外，他人、外界。朱熹注释说："言君子但因见在所居之位而为其所当为，无慕乎其外之心也。"言君子当安其本分，做好分内的事情。

③〔夷狄〕指中原之外的少数民族。

④〔君子无入而不自得焉〕君子无论处于什么地位

都会相安自得。

⑤〔在上位不陵下〕陵，欺凌。指在上位之人不欺凌在下位之人。

⑥〔在下位不援上〕援，攀缘、攀附、投靠。指处于下位之人不应攀附在上位之人。

⑦〔下不尤人〕尤，尤怨、埋怨。指对下不应埋怨别人。

⑧〔故君子居易以俟命〕易，平。俟，等待。指君子应当安居现状，等待天命的安排。

⑨〔小人行险以徼（jiǎo）幸〕行险，冒险。徼幸，希求非分之福。指缺乏道德的人希望通过冒险来获得非分之福。

⑩〔射有似乎君子〕射，射箭。全句指射箭的道理与君子的行为相似。

⑪〔失诸正鹄（gǔ）〕诸，介词，之于。鹄，射箭的靶子。全句指没有射中靶子。

◎ **大意**

君子按照自己所处的地位和职责去处事，不羡慕本分之外的东西。现在是富贵之人，就按富贵的方式生活、行事；现在是处于贫贱地位的人，就按照贫贱的方式生活、行事；生活在夷狄地区的人，就按照夷狄的方式生活、行事；处于患难境遇的人，就按照患难的方式生活、行事。君子的生活态度是，不论处于什么样的境遇都相安自得。在上位的时候，不欺凌下属；在下位的时候，不攀附上司。端正自己而不要求他人，这样就不会招来怨愤。上不抱怨天命不公，下不抱怨别人对自己不好。所以君子安居现状，等待天命的安排，小人则希图通过冒险获得非分之福。孔子说："射箭的道理和君子的行为相似，没有射中靶心，就要反思自己的功夫。"

> 君子之道，辟如行远必自迩①，辟如登高必自卑②。《诗》曰："妻子好合，如鼓瑟琴③。兄弟既翕④，和乐且耽⑤。宜尔室家，乐尔妻帑⑥。"子曰："父母其顺矣乎⑦！"

◎ **注释**

①〔辟如行远必自迩（ěr）〕辟，同譬，比如。迩，近。就像行远路必从近处开始。

②〔辟如登高必自卑（bēi）〕卑，低下。就像登高必须从低处开始。

③〔妻子好合，如鼓瑟琴（sè qín）〕瑟琴是两种古代乐器。整句话是说一家人妻子儿女和谐欢乐，如同琴瑟和鸣。这句诗出自《诗经·小雅·常棣》。

④〔兄弟既翕（xī）〕翕，和顺、和睦。指兄弟和睦相处。

⑤〔和乐且耽（dān）〕耽，沉溺、入迷。指沉浸在欢乐中。

⑥〔乐尔妻帑（nú）〕帑，同"孥"，指子女。整句话是说使得妻子儿女快乐。

⑦〔父母其顺矣乎〕一家人能够如此，父母也就会顺心了吧？朱熹注释说："夫子诵此诗而赞之曰：人能和于妻子，宜于兄弟如此，则父母其安乐之矣。"

◎ **大意**

君子践行中庸之道，就像走路一样，出远门必先从近处开始走，登高山必须从低处开始攀登。《诗经》说："与妻子儿女和谐生活，如同弹奏琴瑟一样协调共鸣。兄弟和睦相处，沉浸在快乐之中。使你家庭快乐平安，就可以使妻子儿女高兴。"孔子说："（一家人能够如此，）父母也就会顺心如意了吧！"

子曰："鬼神之为德①，其盛矣乎②！视之而弗见，听之而弗闻，体物而不可遗③。使天下之人齐明盛服④，以承祭祀⑤。洋洋乎⑥如在其上，如在其左右。《诗》曰：'神之格思⑦，不可度思⑧！矧可射思⑨！'夫微之显⑩，诚之不可掩⑪，如此夫！"

◎ 注释

①〔鬼神之为德〕鬼神，本指宗教中各种超自然的存在，但是儒家学者对其进行了人文化的解释，如程子曰："鬼神，天地之功用，而造化之迹也。"德，指功用，朱熹注释说："为德，犹言性情功效。"

②〔其盛矣乎〕盛，意为兴盛、繁盛、盛大隆重，形容鬼神的功用巨大。

③〔体物而不可遗〕体物，体现于物。遗，遗漏。指鬼神对于万物的作用，没有遗漏。

④〔齐明盛服〕齐，同"斋"，斋戒。明，洁净。盛服，盛装。

⑤〔以承祭祀〕祭祀，敬拜神灵的仪式。指参加祭祀活动。

⑥〔洋洋乎〕朱熹注释说："流动充满之意。"

⑦〔神之格思〕格，来到。思，语气词。整句为神的到来。引自《诗经·大雅·抑》。

⑧〔不可度（duó）思〕度，计算、猜测。

⑨〔矧（shěn）可射（yì）思〕矧，况且、何况。射，朱熹注释说："厌也。"整句思是：况且又怎么能够怠慢不敬呢？

⑩〔夫微之显〕微妙作用的显现。

⑪〔揜（yǎn）〕通"掩"，捕取、袭取之意。

◎ **大意**

孔子说:"鬼神的作用真是伟大啊!虽然看不到它的形体,听不到它的声音,但是它的功德表现在万物上却又没有遗漏的地方。它能够使天下之民都斋戒沐浴,穿上隆重的服饰举行祭祀仪式。鬼神的灵气洋溢飘动,好像就在祭祀者的头上,又好像在他们的左右。《诗经》说:'鬼神的降临,我们很难揣测,又怎么能够怠慢不敬呢?'鬼神的威力虽然微妙,但一定可以表现出来,确实是不可能被掩盖的。就是这样吧!"

子曰:"舜其大孝也与!德为圣人,尊为天子,富有四海之内,宗庙飨之①,子孙保之②。故大德必得其位,必得其禄,必得其名,必得其寿。故天之生物③,必因其材而笃焉④。故栽者培之⑤,倾者覆之⑥。《诗》曰:'嘉乐君子,宪宪令德⑦。宜民宜人,受禄于天⑧。保佑命之,自天申之⑨。'故大德者必受命⑩。"

◎ **注释**

①〔宗庙飨(xiǎng)之〕宗庙,祭祀祖宗的场所。

飨，指宴享，此处指向祖灵奉献饮食祭品。

② 〔子孙保之〕子孙都得到保佑。

③ 〔故天之生物〕天地生养万物，使万物得以生长。

④ 〔必因其材而笃焉〕笃，厚实。整句话指一定会根据它的材质而厚待它。

⑤ 〔故栽者培之〕栽，朱熹注释说："栽，植也。"培，朱熹注释说："气至而滋息为培。"即对于生长正直的树木一定会滋养栽培它。

⑥ 〔倾者覆之〕倾，歪倒。覆，颠覆。朱熹注释说："气反而游散则覆。"上天会使歪倒的树木死亡。

⑦ 〔嘉乐君子，宪宪令德〕嘉乐，令人快乐。宪宪，《诗经》原文作"显显"，指显著的样子。令德，美好的道德。

⑧ 〔宜民宜人，受禄于天〕宜，适宜。民，通"氓"，指下层民众。人，在西周时期人和民不通用，人指贵族。

⑨ 〔保佑命之，自天申之〕得到上天的保佑与任命，这是天意的申明。

⑩ 〔故大德者必受命〕受命，得到天命。指具有大德之人必然得到天命的佑护成为天子。

◎ **大意**

孔子说："舜是最具有孝道美德的人！其德行

称得上'圣人',故被尊为天子,富有四海,其家族宗庙世代承袭祭享,子孙都得到保佑。所以具有大德之人,必定会得到应有的地位,必定会得到应有的福禄,必定会得到应有的名声,必定会得到应有的年寿。因此,上天创造万物,必然会因其材质而厚待它。对于生长正直的树木,上天会滋养培养它,对于已经倾倒的树木,上天会让它倒下自然死亡。《诗经》说:'那些令人快乐的君子,一定会有彰显的美德。他的政策既适合上层贵族,也适合下层民众。他得到了上天的保佑,接受上天的重大使命。'可见,具有大德的人,一定会得到天的授命而成为天子。"

> 子曰:"无忧者其惟文王①乎!以王季②为父,以武王③为子。父作之,子述之。
>
> 武王缵大王、王季、文王之绪④,壹戎衣⑤而有天下。身不失天下之显名,尊为天子,富有四海之内,宗庙飨之,子孙保之。

> 武王末受命⑥,周公成文武之德⑦,追王大王⑧、王季,上祀先公以天子之礼。斯礼也,达乎诸侯大夫,及士庶人。父为大夫,子为士,葬以大夫,祭以士⑨。父为士,子为大夫,葬以士,祭以大夫⑩。期之丧⑪,达乎大夫。三年之丧,达乎天子。父母之丧,无贵贱一也。"

◎ 注释

①〔文王〕即周文王,姓姬名昌,是西周王朝的奠基之君。西周建国前分封之地在陕西岐山,文王被称为"西伯"。

②〔王季〕周文王的父亲,名季历,古公亶父之子,西周建国后被追封为王季。

③〔武王〕即周武王,姓姬名发,周文王的儿子。他继承了文王的事业,举兵伐纣,推翻商王朝,建立了周王朝,是西周的开国之君。

④〔武王缵(zuǎn)大王、王季、文王之绪〕缵,继承。大王,大,同"太",即太王古公亶父,是王季之父。绪,事业。

⑤〔壹戎衣〕戎衣,铠甲。即一穿上戎装,就推翻了商纣王,获得了天下。史书记载,周武王十一年正月甲子,周武王亲自率兵到殷郊牧野,商纣王仓促应战。

两军对阵,纣王部队中兵士们倒戈起义,周武王顺利攻入殷都朝歌,四月就胜利班师了。

⑥〔武王末受命〕末,朱熹注释说:"末,犹老也"。指武王晚年受命,成为天子。

⑦〔周公成文武之德〕周公,姓姬名旦,周文王之子,周武王的弟弟。武王灭商后不久去世,儿子成王年幼,周公摄政。周公继承了文王、武王的道德和事业。

⑧〔追王大王〕追王,追封为王,指周公追封古公亶父为大(太)王。

⑨〔父为大夫,子为士,葬以大夫,祭以士〕根据周礼的规定,如果父亲是大夫,而儿子为士,那么其父死后,应当以大夫之礼安葬他,但是其子只能以士人之礼祭祀他。

⑩〔父为士,子为大夫,葬以士,祭以大夫〕根据周礼的规定,如果父亲为士人,而儿子为大夫,其父死后应当以士人之礼安葬,但是要以大夫之礼祭祀他。

⑪〔期(jī)之丧〕期,一整年。指守丧一年通行于大夫。

◎ **大意**

孔子说:"没有忧虑的人恐怕只有周文王了!他的父亲是王季,他的儿子是周武王。父亲开创的事业,儿子继续发扬光大。

周武王继承了太王、王季、文王的事业,一披上铠甲就平定了天下。他本身没有失掉显赫的声望，而成为尊贵的天子，拥有四海的财富。他建立了宗庙使世代祖先得到祭享，世代子孙得到保佑。

　　周武王在晚年被授予天命，周公继承了文王、武王的道德，追封太王、王季，以天子之礼祭祀祖先。他制定的这种礼制，推及于诸侯、大夫以及士和庶人。（按照周礼，）如果父亲是大夫，儿子只是士，那么他死的时候丧礼是用大夫之礼，但是儿子祭祀他的时候则只能用士礼。如果父亲是士，儿子却成了大夫，那么他死后则要按士的礼仪举行葬礼，但儿子却可以用大夫之礼祭祀他。守丧一年的礼仪，通行于士大夫。守丧三年的礼仪，通行于天子。为父母守丧的礼仪，不分贵贱，都是相同的。"

子曰:"武王、周公,其达孝①矣乎!夫孝者,善继人之志,善述②人之事者也。

春秋修其祖庙③,陈其宗器④,设其裳衣⑤,荐其时食⑥。宗庙之礼,所以序昭穆也⑦。序爵⑧,所以辨贵贱也。序事⑨,所以辨贤也。旅酬下为上⑩,所以逮贱⑪也。燕毛⑫,所以序齿⑬也。践⑭其位,行其礼,奏其乐,敬其所尊,爱其所亲,事死如事生,事亡如事存,孝之至也。

郊社之礼⑮,所以事上帝也。宗庙之礼,所以祀乎其先也。明乎郊社之礼,禘尝之义⑯,治国其如示诸掌乎⑰!"

◎ **注释**

①〔达孝〕达,通达、通晓,指武王、周公通达孝道。

②〔述〕循,顺行。

③〔春秋修其祖庙〕春秋,指春秋两季。全句指在春秋两季修缮祖庙。

④〔陈其宗器〕陈,陈列。宗器,祭祀祖先的祭器。

⑤〔设其裳衣〕裳衣，祖先遗留的衣服。指让在祭祀仪式上装扮祖先亡灵的人（尸），穿上祖先留下的衣服。

⑥〔荐其时食〕荐，奉献。时食，不同季节的食物。

⑦〔所以序昭穆也〕昭，向阳。穆，背阴。古代帝王的宗庙，太祖坐西朝东，其后辈帝王死后分别为其建立庙位，太祖左方二代、四代、六代……为昭，右方三代、五代、七代……为穆，父子依次向下排列，表明历代帝王的辈分关系。如下图：

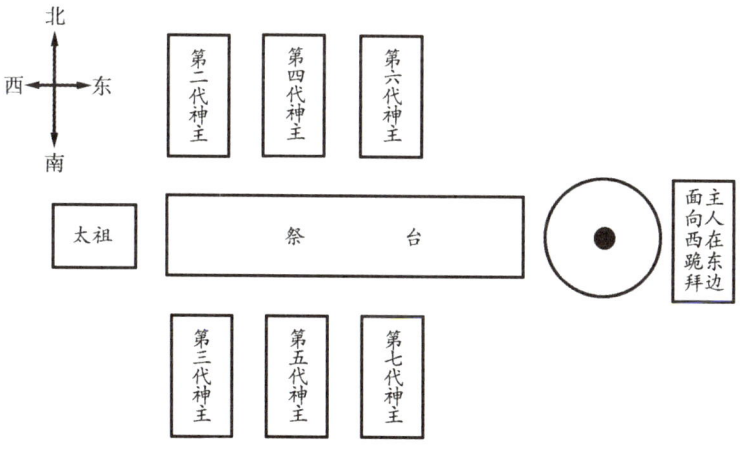

⑧〔序爵〕按照爵位高低排列顺序。

⑨〔序事〕事，指参加祭祀活动的职务。

⑩〔旅酬下为上〕旅，众人。酬，敬酒。下，年轻的人。上，年长的人。指宴席中年轻人向年长者敬酒，

也可指身份低的人向身份高的人敬酒。

⑪〔逮贱〕及贱。朱熹注释说:"盖宗庙之中以有事为荣,故逮及贱者,使亦得以申其敬也。"指宗庙祭祀活动中身份低的人可以向身份高的人表达敬意。

⑫〔燕毛〕燕,同"宴",宴毛指按照头发黑白的程度区分长幼排列宴会座次。

⑬〔序齿〕序,排列。齿,牙齿,指代年龄。指按照年龄大小排序。

⑭〔践〕登上。

⑮〔郊社之礼〕郊,南郊、北郊的神坛。社,社稷坛。古代在南郊建坛,举行仪式祭祀上帝。

⑯〔禘(dì)尝之义〕禘,古代帝王、诸侯举行的各种大祭的总名。尝,天子、诸侯在秋季举行的祭祀祖先的仪式。

⑰〔治国其如示诸掌乎〕朱熹注释说:"示,与视同。视诸掌,言易见也。"整句话指,搞好了周礼规定的各种祭祀仪式,治理国家就如同看自己的手掌一样容易。

◎ 大意

孔子说:"周武王、周公,大概是最懂得孝道的人了!孝道就是要善于继承祖先的志愿,发扬他们开创的事业。

在春秋两个季节定期修缮祖庙,陈列祭祀祖先的祭器,准备好祖先留下的衣服,供奉上时鲜的果品和食物。宗庙祭祀的礼仪，是为了按照昭穆次序排列宗族人员的辈分。按照官爵的大小排列，是为了分清社会成员身份地位的高低。按照职事的高低排列，是为了体现才能的高低。在宗庙宴会上，年轻、地位低的人向德高望重的人敬酒，是为了让他们有一个表达敬意的机会。按照头发的黑白排列座次，是为了区分年龄的大小（该句在现在社会已不适用）。祭祀时尸（扮演祖先之灵的人）登上受祭的位置，众人都要向其行礼，演奏音乐，表达对祖先的尊敬。人们爱其亲人，就要像他们生前一样服侍他们的亡灵，像对待生者一样对待亡者，这样的孝道才是完善到位的。

郊社祭祀的礼仪，是为了祭祀上帝的。宗庙祭祀的礼仪，是为了祭祀祖先的。明白了郊社之礼、祭祖礼仪的真正含义，治理国家就如同看自己的手掌一样容易了。"

哀公问政①。子曰："文武之政②，布在方策③。其人存，则其政举④；其人亡，则其政息⑤。人道敏政⑥，地道敏树。夫政也者，蒲卢也⑦。故为政在人，取人以身，修身以道，修道以仁。仁者人也⑧，亲亲为大⑨。义者宜也⑩，尊贤为大。亲亲之杀⑪，尊贤之等，礼所生也⑫。在下位不获乎上，民不可得而治矣⑬。故君子不可以不修身。思修身，不可以不事亲；思事亲，不可以不知人⑭；思知人，不可以不知天⑮。"

◎ 注释

①〔哀公问政〕鲁哀公（？—前468），姬姓，名将，鲁定公之子，春秋时期鲁国第二十六任君主，在位凡27年。问政，请教为政之道。

②〔文武之政〕文武，周文王、周武王。文武之政，指文王、武王的美政。

③〔布在方策〕布，陈列。方策，即方册，指文化典籍。

④〔其人存，则其政举〕其人，指周文王、周武王。存，存在。举，实施。

⑤〔其人亡，则其政息〕亡，逝去。息，停止、止息。

⑥〔人道敏政〕敏，迅速。指人所行之道会迅速反映到国家政治上。

⑦〔蒲卢也〕蒲卢，芦苇。朱熹注释说："蒲卢，沈括以为蒲苇是也……而蒲苇又易生之物，其成尤

速也。"

⑧〔仁者人也〕儒学所说仁道就是人道，行人道就是仁者爱人。

⑨〔亲亲为大〕第一个亲是动词，指亲近；第二个亲是名词，指亲人。整句话的意思是，仁者以亲近自己的亲人为大事。

⑩〔义者宜也〕义，道德规范，含有正义、合理、情谊、责任等含义。宜，适宜、正当、合适。儒家解释"义者宜也"，合时、适宜就是"义"。

⑪〔亲亲之杀（shài）〕第一个亲是动词，指亲近；第二个亲是名词，指亲人。杀，指差等。

⑫〔礼所生也〕礼，周礼。礼所生也，指周礼产生的根据。

⑬〔在下位不获乎上，民不可得而治矣〕朱熹注释说："郑氏曰：'此句在下，误重在此。'"郑玄认为，这句话在下边还有讲解，这里可能是传抄过程中产生的赘文。

⑭〔不可以不知人〕人，人性。

⑮〔不可以不知天〕天，天命、天意。

◎ **大意**

鲁哀公向孔子请教为政之道。孔子说："周文王、周武王的美德善政都记录在西周的文献典籍中。圣人在位的时候，好的政策就得到执行；圣人辞世了，好的政策也就终止了。社会治理的情况，可以敏感地体现在国家政治中，就如同土地的好坏，可以敏感地体现在树木和庄稼的生长中。政治就像速生的芦苇一样，可以很快地反映出来。所以说为政之要在于得人，选人主要看他的自身修养。修身之道就在于实行仁道。实行人道的本质就是爱人，而爱人首先是爱自己的亲人。义的本质就是合乎时宜，适宜之道首要的任务就是尊敬贤人。人们亲近自己的亲人是有差等的，尊贤也是分先后的，这就是周礼产生的根据。如果贤人在低下的地位，而得不到在上层的地位，人民便得不到好的治理了。因此，君子不可以不修身。若想修身，不能不首先侍奉好自己的亲人；若想侍奉好自己的亲人，不能不了解人性；若想了解人性，不能不了解天命。"

天下之达道五①，所以行之者三。曰：君臣也，父子也，夫妇也，昆弟②也，朋友之交也。五者，天下之达道也。知、仁、勇三者③，天下之达德④也。所以行之者一也⑤。或⑥生而知之，或学而知之，或困而知之，及其知之一也⑦；或安而行之⑧，或利而行之⑨，或勉强而行之⑩，及其成功一也。子曰："好学近乎知，力行近乎仁，知耻近乎勇。知斯⑪三者，则知所以修身；知所以修身，则知所以治人；知所以治人，则知所以治天下国家矣。"

◎ **注释**

①〔天下之达道五〕达道，人所共由之路，也就是人类共通、普遍的伦理道德。即孟子所说"父子有亲，君臣有义、夫妇有别、长幼有序、朋友有信"这五种美德。

②〔昆弟〕昆，兄。昆弟，即兄弟。

③〔知、仁、勇三者〕知，同"智"。此"三者"即孔子所说"知者不惑，仁者不忧，勇者不惧"三种人类共同的美德。

④〔天下之达德〕朱熹注释说:"谓之达德者,天下古今所同得之理也。"即天下之共同的道德。

⑤〔所以行之者一也〕即"智、仁、勇"三达德要得以推行,关键要靠一种力量。朱熹注释说:"一则诚而已矣。达道虽人所共由,然无是三德,则无以行之。"没有真诚之心,三达德都是空谈。

⑥〔或〕代词,有的人。

⑦〔及其知之一也〕知,知道,了解。就是说达到"智、仁、勇"三达德的结果是一样的。朱熹注释说:"所以至于知之成功而一者勇也。"

⑧〔或安而行之〕朱熹注释说:"则生知安行者知也。"即生而知之,心安理得地去做,是一种智慧的行为。

⑨〔或利而行之〕朱熹注释说:"学知利行者仁也。"即学而知之,为了名利去做,是一种仁的行为。

⑩〔或勉强而行之〕朱熹注释说:"困知勉行者勇也。"意即困而学之是一种勇敢的行为。

⑪〔斯〕代词,此。

◎ **大意**

天下共通的人伦大道有五条,用以实行这五条人伦大道的德行有三种。君臣有义、父子有亲、夫妇有别、兄弟有序、朋友有信,这是天下共同的五种达道。智慧、仁爱、勇敢是天下三种永恒的美德。

推行这五种达道、三种美德的根本在于真诚专一。这些道理有些人生下来就知道，有些人是需要学习以后才获得的，还有的人是在遇到困惑后获得的。能够得到这些知识，是最终一致的结果。对于这些知识的践行，有些人是自然而行，有些人是因其利而行，有些人是勉强而行，但是对于最后的成功来说是一样的。孔子说："好学就接近智了，努力实行就接近仁了，知道耻辱就接近勇了。知道智、仁、勇三者，就知道怎样修身了；知道怎样修养自己，就知道怎样治理他人了；知道怎样治理民众，就知道怎样治国了。"

"凡为天下国家有九经①，曰：修身也，尊贤也，亲亲也，敬大臣也，体②群臣也，子庶民③也，来百工④也，柔远人⑤也，怀诸侯⑥也。

"修身则道立，尊贤则不惑⑦，亲亲则诸父、昆弟不怨，敬大臣则不眩⑧，体群臣则士之报⑨礼重，子庶民则百姓劝⑩，来百工则财用足，柔远人则四方归之，怀诸侯则天下畏之。

"齐明盛服⑪，非礼不动，所以修身也；去谗远色⑫，贱货而贵德，所以劝贤也；尊其位，重其禄，同其好恶，所以劝亲亲也；官盛任使⑬，所以劝大臣也；忠信重禄，所以劝士也；时使薄敛⑭，所以劝百姓也；日省月试，既禀称事⑮，所以劝百工也；送往迎来，嘉善而矜不能⑯，所以柔远人也；继绝世，举废国，治乱持危，朝聘⑰以时，厚往而薄来，所以怀诸侯也。"

◎ **注释**

①〔凡为天下国家有九经〕凡，总共。为，治理。天下国家，即天下、国和家。在西周时代，天子治理天下，诸侯治理国，大夫治理家。经，常道，即治理天下国家的九条根本原则。

②〔体〕体谅、体察。

③〔子庶民〕子，孩子，这里用作动词，将庶民当成孩子。庶民，百姓。

④〔来百工〕来，招徕。百工，各种工匠。

⑤〔柔远人〕柔，怀柔。远人，边远地区的民众。

⑥〔怀诸侯〕怀，安抚。诸侯，他国君主。

⑦〔尊贤则不惑〕惑,迷惑、疑惑。尊重贤人则不容易被迷惑。朱熹注释说:"不惑,谓不疑于理。"

⑧〔敬大臣则不眩(xuàn)〕眩,眼花、晕眩。朱熹注释说:"不眩,谓不迷于事。"尊敬大臣则不会被迷惑。

⑨〔报〕回报。

⑩〔劝〕勉励。

⑪〔齐明盛服〕孔颖达疏:"齐谓整齐,明谓严明,盛服谓正其衣冠,是修身之体也。"谓在祭祀前斋戒沐浴,静心洁身。

⑫〔去谗远色〕谗,谗言,诽谤之词。色,美色。指远离身边各种小人的谗言和诱人的美色。

⑬〔官盛任使〕有足够的官员可供差遣。朱熹注释说:"盖大臣不当亲细事,故所以优之者如此。"

⑭〔时使薄敛〕时使,在适当的时候役使百姓,不耽误农时。薄敛,减少赋税。

⑮〔既廪(xì lǐn)称事〕既廪,即"饩廪",指给工匠的报酬。称事,与职能相称。

⑯〔嘉善而矜(jīn)不能〕嘉善,鼓励好的。矜,怜悯。矜不能指怜悯差的。

⑰〔朝聘〕朝,诸侯参见天子。聘,诸侯派使者进京贡献礼品。

◎ **大意**

（孔子说：）"治理天下、国、家共有九条根本原则，就是要修养自身，尊重贤人，亲近亲族，礼敬大臣，体谅群臣，关爱百姓，招徕百工，优待边远族群之民，安抚他国诸侯。

"君主能修身，则正确的治国原则就可以建立起来。尊重贤人，遇到问题就不会疑惑。亲近亲族，整个家族就没有怨气。尊敬大臣，遇到事情就不会因慌乱而目眩。体谅群臣，则士人们就会奋力报效。把百姓当成孩子，他们就会竭力报答君主的恩德。招徕百工，则国家的财用就会充足。怀柔边远族群之人，则四方之民就会来归顺。安抚诸侯，则各诸侯国的国君都会畏服。

"斋戒沐浴，穿上庄重的衣服，按照礼仪规定行动，这是修身的方法。摒弃那些进谗言的小人，远离女色，轻视财物，崇尚道德，这是鼓励贤才的方法。使其职位尊，俸禄厚，与他们爱憎相一致，这是亲近亲族的方法。有足够的官吏供其驱使，这是鼓励大臣的方法。真心诚意地任用他们，给他们丰厚的俸禄，这是激励那些士大夫的方法。按照农时役使百姓，减轻赋税，这是激励百姓的方法。按照功效考核工匠的业绩，给他们相应的丰厚的粮米，这是激励工匠们的方法。欢迎他们前来,礼送他们回去,奖励好的,怜悯差的,这是与边远族群的人打交道的方法。使丧失世家地位的宗族得以延续,使被灭亡的国家能够复兴,使动乱危亡的国家得到治理,扶助困难危急的国家,要求诸侯定期朝见、纳贡,并且坚持纳贡少、回赐多,这是安抚诸侯的方法。"

"凡为天下国家有九经,所以行之者一也①。凡事豫则立②,不豫则废。言前定则不跲③,事前定则不困④,行前定则不疚⑤,道前定则不穷⑥。

"在下位不获乎上⑦,民不可得而治矣。获乎上有道,不信乎朋友,不获乎上矣。信乎朋友有道,不顺乎亲,不信乎朋友矣。顺乎亲有道,反诸身不诚⑧,不顺乎亲矣。诚身有道⑨,不明乎善,不诚乎身矣。

"诚者,天之道也⑩;诚之者,人之道也⑪。诚者,不勉而中⑫,不思而得,从容中道,圣人也。诚之者,择善而固执之者也。"

◎ 注释

①〔所以行之者一也〕用来推行"九经"的方法只有一种（指至诚）。朱熹注释说："一者，诚也。一有不诚，则是九者皆为虚文矣，此九经之实也。"

②〔凡事豫则立〕豫，同"预"，准备。朱熹注释说："豫，素定也。"凡是事先有预备则遇事安定有底。

③〔言前定则不跲（jiá）〕言，说话、发表言论。跲，绊倒。指说话前有准备则不会因失言而尴尬。

④〔事前定则不困〕事，事情、办事。困，困境。指办事前有准备则不会陷入困境。

⑤〔行前定则不疚（jiù）〕行，出行。疚，内疚。指行动前有准备则不会内疚。

⑥〔道前定则不穷〕道，道路、规律、规则。穷，尽、极。指搞懂了规则行动就不会陷入穷途末路。

⑦〔获乎上〕得到上级的了解、信任。

⑧〔反诸身不诚〕诚，真诚、实在。反省自身不够真诚、实在。

⑨〔诚身有道〕使自我心念真诚有方法。

⑩〔诚者，天之道也〕真诚是上天运行的根本规则，也是上天赋予人们的本性。朱熹注释说："诚者，真实无妄之谓，天理之本然也。"

⑪〔诚之者，人之道也〕诚之，努力做到真诚。朱熹注释说："诚之者，未能真实无妄，而欲其真实无妄

之谓，人事之当然也。"

⑫〔不勉而中〕勉，尽力而为。中，指做到。

◎ **大意**

（孔子说：）"凡是治理国家之事，有九条根本的常规。而推行这九条常规，根本的方法只有一条，就是专一至诚。办任何事情，事先有准备就能成功，没有准备就会半途而废。说话前认真准备就不会因失言而尴尬，办事前有准备就不会陷入困境，出行前有准备就不会内疚后悔，对于根本规则有所掌握就不会陷入穷途末路。

"处在下位的臣子如果不能被在上位的君主信任，就不能治理好自己的百姓。获得上司的信任是有办法的，不能获得朋友的信任，就不能获得上司的信任。获得朋友的信任有办法，首先要孝顺自己的父母。孝顺父母有办法，不能反省自身（自己需要的也就是父母需要的），就不能很好地孝顺父母。反省自身有办法，不知道什么是善，就不能很好地反省自身。

"真诚无妄是天道运行的规则，也是天赋予万物的规则。努力使自己真诚无妄，则是君子修养的方法。对于'诚'不用勉强就能做到，不用思考就会得到，而且从容处于中庸之道上，这就是圣人了。

努力进行真诚修养的人，是只要选择了善道就一定会坚持下去的人。"

"博学之，审问之①，慎思之，明辨之②，笃行之③。有弗学，学之弗能，弗措也④；有弗问，问之弗知，弗措也；有弗思，思之弗得，弗措也；有弗辨，辨之弗明，弗措也；有弗行，行之弗笃，弗措也。人一能之，己百之⑤；人十能之，己千之。果能此道矣，虽愚必明，虽柔必强。"

◎ 注释

①〔审问之〕审，周密，详细。之，代词，指它。指详细地探明其间的道理。

②〔明辨之〕辨，辨别，指清晰地辨别道理。

③〔笃行之〕笃，坚定、坚实。指坚决去贯彻。

④〔有弗学，学之弗能，弗措也〕弗，不。措，停止。整句是指要么不学习，只要学习了还有不会的东西，就不要停下来。

⑤〔人一能之，己百之〕别人用一分努力能做到的事情，自己就要尽百倍的力气去做。

◎ **大意**

（孔子说：）"广泛地学习它（指道），详细地询问它，慎重地思考它，明确地分辨它，坚决地实行它。对于未曾学到的道理，不学会就不能停止。对于未能询问的道理，未问明白就不能停止。对于未曾思考的道理，没有思考清楚就不能停止。对于未曾辨析的道理，没有辨析清楚就不能停止。对于尚未实行的道理，有尚未笃实之处就坚决不停止。别人尽一份努力就可以得到的，自己要尽百倍的努力，别人尽十倍的努力，自己要尽千倍的努力。如果能够做到这样，愚蠢的人也能变得聪明，柔弱的人也能变得刚强。"

第四部分 成道篇

自诚明①,谓之性②;自明诚③,谓之教④。诚则明矣,明则诚矣⑤。

◎ 注释

①〔自诚明〕自,介词,从、由,指自诚而明。朱熹注释说:"德无不实而明无不照者,圣人之德。"指圣人从至诚之性出发,实现万物之理无所不明。

②〔谓之性〕谓,称为。性,天性。朱熹注释说:"所性而有者也,天道也。"指圣人从先天之性而达至圣明。

③〔自明诚〕从明达开始而至于至诚。朱熹注释说:"先明乎善,而后能实其善者,贤人之学。"即一般的贤人都是从学习明理开始,而达到至善的境界。

④〔谓之教〕被称为教育、教化。朱熹注释说:"由教而入者也,人道也。"一般人都是由教育、教化而

达到至善的境界,这就是人道。

⑤〔诚则明矣,明则诚矣〕诚者即可明乎道,明者则可达乎诚。朱熹注释说:"诚则无不明矣,明则可以至于诚矣。"

◎ **大意**

通过至诚之性而明了万物道理,这是天性使然;从明了万物之理达到至诚之性,这是教育的结果。(但无论如何,)诚则能明,明则能诚(,结果是一样的)。

> 唯天下至诚,为能尽其性①;能尽其性,则能尽人之性②;能尽人之性,则能尽物之性③;能尽物之性,则可以赞天地之化育④;可以赞天地之化育,则可以与天地参⑤矣。

◎ **注释**

①〔尽其性〕充分了解和展现自己的至善本性。

②〔尽人之性〕充分了解人类的本性。

③〔尽物之性〕充分了解万物的本性。

④〔赞天地之化育〕赞,帮助。化育,生成和培育万物。

⑤〔与天地参〕参,同"叁"。朱熹注释说:"与天

地参，谓与天地并立为三也。"

◎ **大意**

只有达到了至诚的人，才能充分认识和发挥自己至善的本性。能充分认识和发挥自己本性的人，才能够认识和发挥众人的至善本性。能认识和发挥众人的本性，就能够了解和认识万物的本性。能够了解万物的本性，就可以参与自然生长变化的过程，就可以与天、地并立为三。

> 其次致曲①，曲能有诚，诚则形②，形则著③，著则明④，明则动⑤，动则变⑥，变则化⑦，唯天下至诚为能化。

◎ **注释**

①〔其次致曲〕其次，差一等的人，指圣人之下的普通人。致，致力于。曲，小善。致曲，指从一些小事情开始体察人性、天道。

②〔诚则形〕形，显露、表现。朱熹注释说："形者，积中而发外。"本句指至诚之人必有外在表现。

③〔形则著〕著，显著。朱熹注释说："著，则又加显矣。"本句指使外在的表现更加显著。

④〔著则明〕明，光明，显明。朱熹注释说："明，

则又有光辉发越之盛也。"本句指外在表现日渐显著就会彰明光大。

⑤〔明则动〕动,变动。朱熹注释说:"动者,诚能动物。"本句指至诚之人能变动万物。

⑥〔动则变〕变,变动、变化。朱熹注释说:"变者,物从而变。"本句指万物顺从至诚之人而变。

⑦〔变则化〕朱熹注释说:"化,则有不知其所以然者。"本句指自然而然,不易察觉但又必然发生的变化。

◎ **大意**

那些尚未达到圣贤境界、稍差一等的人,可以从身边一些小的善事做起,逐步外推达到"诚"的境界。心地真诚就会表现出来,表现出来就会日渐显著,日渐显著就会彰明光大,彰明光大就会有所行动,行动则会改变万物,万物则会在不知不觉中发生变化。这就是真诚的人参与万物化育的过程。

> 至诚之道,可以前知①。国家将兴,必有祯祥②;国家将亡,必有妖孽③;见乎蓍龟④,动乎四体⑤。祸福将至:善,必先知之;不善,必先知之。故至诚如神⑥。

◎ 注释

①〔前知〕预知未来。

②〔祯祥〕吉祥的预兆。

③〔妖孽〕古代宗教认为,草木成精称妖,虫豸(zhì)成精称孽。妖孽常用来指怪异反常的事物。

④〔蓍(shī)龟〕蓍,蓍草,是一种多年生草本植物,有节,古人用它进行占卜。龟,龟甲,也是古人占卜的工具。

⑤〔四体〕本指四肢,这里泛指形体。

⑥〔至诚如神〕朱熹注释说:"神,谓鬼神。"本句指至诚之人预知未来的能力如同神仙。

◎ 大意

掌握了至诚之道的人,可以预见事物的发展。国家将要兴旺,必然会有吉祥的预兆;国家将要败亡,则会出现怪异反常的现象。祸福吉凶都会在蓍草和烧龟的占卜中反映出来,会通过官员的形体动作表现出来。祸福即将到来时,好的事情会预先知道,不好的事情也会预先知道,所以说至诚之人有鬼神那样的(预见)能力。

诚者自成也①,而道自道也②。诚者,物之终始,不诚无物。是故君子诚之为贵。诚者,非自成己而已也,所以成物也③。成己,仁也④;成物,知也⑤。性之德也,合外内之道也,故时措之宜⑥也。

◎ 注释

①〔诚者自成也〕自成,自己成就自己。指至诚之道是自己获得的,不是外部强加的。

②〔而道自道也〕道,导也。指获得人之道与物之道要通过"自导",即自我修习。

③〔诚者,非自成己而已也,所以成物也〕诚者不仅仅是成就自己,还要成就万物。

④〔成己,仁也〕成就自己就是"仁"。

⑤〔成物,知也〕成就万物就是"智"。

⑥〔时措之宜〕措,安放、放置。宜,适宜。本句指性之德(诚)在任何时候都是适宜的。

◎ 大意

至诚者是自己成就自己,而道则是用来引导自己的。"诚"贯穿于万事万物始终,没有"诚"就没有万物。所以君子认为"诚"是最宝贵的(品质)。"诚"并不是成就自己就可以了,还要成就万物。成就自己就是"仁",成就万物就是"智"。人性中固有的"德",是符合内外两方面的道的,所以在任何时候都适用。

> 故至诚无息①。不息则久②,久则征③,征则悠远,悠远则博厚,博厚则高明。博厚,所以载物④也;高明,所以覆物⑤也;悠久,所以成物也。博厚配地,高明配天,悠久无疆。如此者,不见而章⑥,不动而变,无为而成。
>
> 天地之道,可一言而尽也⑦。其为物不贰⑧,则其生物不测⑨。天地之道:博也,厚也,高也,明也,悠也,久也。今夫天,斯昭昭之多⑩,及其无穷也,日月星辰系焉,万物覆焉。今夫地,一撮土之多,及其广厚,载华岳⑪而不重,振⑫河海而不泄,万物载焉。今夫山,一卷石⑬之多,及其广大,草木生之,禽兽居之,宝藏兴焉。今夫水,一勺之多,及其不测,鼋鼍⑭蛟龙鱼鳖生焉,货财殖焉⑮。

《诗》云:"维天之命,於穆不已⁰。"盖曰:天之所以为天也。"於乎不显⁰,文王之德之纯⁰。"盖曰:文王之所以为文也,纯亦不已。

◎ 注释

①〔至诚无息〕朱熹注释说:"既无虚假,自无间断。"言圣人之道既无虚假,也不会停止。

②〔不息则久〕朱熹注释说:"久,常于中也。"指圣人常处于中道。

③〔久则征〕朱熹注释说:"征,验于外也。"指圣人之道在外部有表征。

④〔载物〕承载万物。

⑤〔覆物〕覆盖万物。

⑥〔不见而章〕见,同"现"。章,彰显。

⑦〔可一言而尽也〕可以用一句话概括它,指天地之道可以用一个"诚"来概括。

⑧〔其为物不贰〕为物,生物、造物。不贰,不掺杂,不做假。朱熹注释说:"不贰,所以诚也。"指天地生成万物是有规律的,不会乱来。

⑨〔生物不测〕朱熹注释说:"诚故不息,而生物之多,有莫知其所以然者。"指天地生成万物,种类繁多,不可胜算。

⑩〔斯昭昭之多〕斯,代词,这个。昭昭,朱熹注释说:"昭昭,犹耿耿,小明也。"

⑪〔华岳〕指华山。

⑫〔振〕朱熹注释说:"振,收也。"即控制、约束。

⑬〔一卷石〕卷,通"拳"。指一块拳头大的石头。

⑭〔鼋鼍(yuán tuó)〕鼋,一种巨鳖。鼍,一种鳄鱼,古称猪婆龙,学名扬子鳄。

⑮〔货财殖焉〕殖,生殖、生产。焉,助词,于此、于之。指财产货物生产于此。

⑯〔维天之命,於穆不已〕维,语气助词,放于句首。於,语气词,赞叹。此句话出自《诗经·周颂·维天之命》

⑰〔於乎不显〕於乎,语气词,"呜呼"。不显,"岂不显"的缩略语。

⑱〔纯〕单纯,指至诚。

◎ **大意**

因此,具有至诚之德的人永远不会停息,不停息就能保持长久,长久坚持就会有得到应验的表征,有应验的表征就能悠久长远,悠久长远就能积累广博深厚,广博深厚就能高大光明。广博深厚是用来承载万物的,高大光明是用来覆盖万物的,悠久长远是用来成就万物的。广博深厚与地道相配,高大光明与天道相配，悠久成物就会永远没有穷尽。如果能做到这样，不用表现就会成名彰显，不用行动就会自然变化，不必有所作为就能成功。

天地的运行规则，用一个"诚"字就可以概括了。天地创造万物纯一不二，它所生成的物种不可计量。天地运行的特点就是广博、深厚、高大、光明、悠远、长久。今日之天，这一点光集聚多了，可以达到无边无际的地方，那日月星辰的光芒都在其中，覆盖万物。今日之地，一小撮土集聚多了，及其扩展广厚，承载华山、太岳而不感到重，控制江海的波涛使之不会外泄，万物都承载在大地之上。今日之山，拳头大的石头积累得多了，达到无边广大的时候，草木在上边生长，禽兽在其中栖息，宝藏在里边贮藏。今日之水，一小勺水集聚得多了，可以变得浩瀚无涯，鼋鼍鲛龙鱼鳖在其中生活，财货由此而产生。

《诗经》说："只有天命，肃穆而不停息。"这大概是说天之所以成为天的道理。(《诗经》又说:)"多么伟大而显赫啊，文王的品德至诚纯一。"这大概是说文王之所以称为"文"，其至诚纯一并永不停止。

大哉，圣人之道①！洋洋乎②，发育万物③，峻极于天④。优优大哉⑤，礼仪三百，威仪三千⑥，待其人而后行。故曰苟不至德⑦，至道不凝焉⑧。

故君子尊德性而道问学⑨，致广大而尽精微⑩，极高明而道中庸⑪。温故而知新，敦厚以崇礼⑫。是故居上不骄，为下不倍⑬。国有道，其言足以兴；国无道，其默足以容⑭。《诗》曰："既明且哲⑮，以保其身。"其此之谓与？

◎ 注释

①〔圣人之道〕圣人修己治人所行之道。

②〔洋洋乎〕形容圣人之道广大无边的样子。

③〔发育万物〕使万物生长、壮大。

④〔峻极于天〕朱熹注释说："峻，高大也。此言道之极于至大而无外也。"

⑤〔优优大哉〕朱熹注释说："优优，充足有余之意。"形容圣人之道广大无边。

⑥〔礼仪三百，威仪三千〕朱熹注释说："礼仪，经礼也。威仪，曲礼也。"经礼，指古代规范人们行为的

根本性礼仪规范。威仪，本指《礼记》中《曲礼》篇，泛指规范人们行为的具体细小的礼仪规范。三百、三千是一种概数，是指圣人之道"入于至小而无闲也"（朱注）。

⑦〔苟不至德〕苟，如果。至德，至德之人。言如果不是至德之人。

⑧〔至道不凝焉〕至道，最高的道。凝，凝聚、凝结。指如果不是至德之人，最高的道也不会成为具体的成果。

⑨〔尊德性而道问学〕朱熹注释说："尊者，恭敬奉持之意。德性者，吾所受于天之正理。道，由也。"即要尊崇上天赋予我们的至善道德，而以询问、好学为进德之路。

⑩〔致广大而尽精微〕使胸怀广大而又能穷尽事物精微细节。

⑪〔极高明而道中庸〕使境界极高而所行之路中庸平实。

⑫〔敦厚以崇礼〕敦，朱熹注释说："加厚也。"厚，能力。指使自己能力增加而又崇尚礼仪。

⑬〔为下不倍〕倍，同"背"，背叛。指在下位不背叛上级。

⑭〔其默足以容〕默，沉默。足以容，足以有容身之地。

⑮〔既明且哲〕明，明白、明了。哲，智慧。指不仅明白事理，而且有充分的智慧。此句出于《诗经·大雅·烝民》。

◎ **大意**

多么广大呀，圣人所行之道！它宽广无边充盈世界，使万物发育生长，它的崇高可以达到天穹。（圣人之道）多么丰富呀，有三百条礼的大纲，三千条礼的细目。这些都需要贤能的人才能推行。因此说不具有至高德行的人，至高的道也不能凝结成伟大的成果。

所以君子要尊崇自己心中的德行，又经过"学"和"问"的道路，使自己的心体达到极广大而又深入事物精微之处，心智高明办事又采用中庸的方法，能通过已知而达到未知，不断增加新知又尊崇礼仪。因此，君子居上位的时候不骄傲，居下位的时候不背叛。国家有道，君子的建言可以使国家兴旺；国家无道，君子能够沉默不语以保自身。《诗经》说："明白事理，又有足够的智慧（应付时局），足以保全自身。"就是这个意思吧！

子曰："愚而好自用①，贱而好自专②，生乎今之世，反古之道③。如此者，灾及其身者也。"非天子，不议礼④，不制度⑤，不考文⑥。今天下车同轨⑦，书同文⑧，行同伦⑨。虽有其位，苟无其德，不敢作礼乐焉；虽有其德，苟无其位，亦不敢作礼乐焉。子曰："吾说夏礼，杞不足征也⑩。吾学殷礼，有宋存焉⑪。吾学周礼，今用之，吾从周⑫。"

◎ 注释

①〔自用〕自以为是，刚愎自用。

②〔自专〕不能采纳别人的意见，独断专行。

③〔反古之道〕反，同"返"。指返回古人的做法。

④〔议礼〕讨论、制定礼仪制度。

⑤〔制度〕建立社会制度。

⑥〔考文〕考察古代文字。

⑦〔车同轨〕轨，轨迹。指车辆使用统一的轴距，用同样的轨迹行驶。

⑧〔书同文〕书，书写、书籍。文，文字。指使用统一的文字书写典籍。

⑨〔行同伦〕行，行为。伦，规范。指人们的行为

遵守共同的伦理规范。

⑩〔杞不足征也〕杞，春秋时代的杞国。征，证明。指杞国虽然是夏王朝的后代，但是夏朝之礼在杞国得不到证明了。

⑪〔有宋存焉〕宋，春秋时的宋国。指宋国是殷朝遗族的封地，殷朝之礼在宋国尚有遗存。

⑫〔吾从周〕周，指孔子生活的东周王朝。孔子学礼，遵从的是当时东周尚实行的周礼。

◎ **大意**

孔子说："头脑愚蠢却喜欢刚愎自用，地位卑微而又喜欢独断专行，生活在当代却又想走古人之路，这样做的人，灾难一定会降临到他们的头上。"不是天子就不要讨论修订礼仪，不要去制定法度，不要去考察规定文字。现在天下间车子行驶的轨迹同样宽，书写同样的文字，行为也遵从同样的伦理规范。虽然有相应的地位（天子之位），但是德行不足（圣人之德），是不敢制礼作乐的。虽有相应的品德，如果没有相应的地位，也不敢制礼作乐。孔子说："我讲说夏朝的礼乐，现在的杞国已经不能证明了；我学殷礼，宋国还有遗存；我学周礼，当今时代仍然在使用，所以我要遵从周礼。"

王天下有三重焉①，其寡过②矣乎！上焉者，虽善无征③。无征不信，不信民弗从。下焉者，虽善不尊④。不尊不信，不信民弗从。

故君子之道，本诸身⑤，征诸庶民⑥，考诸三王而不缪⑦，建诸天地而不悖⑧，质诸鬼神而无疑⑨，百世以俟圣人而不惑⑩。质诸鬼神而无疑，知天也；百世以俟圣人而不惑，知人也。是故君子动而世为天下道⑪，行而世为天下法⑫，言而世为天下则⑬。远之则有望⑭，近之则不厌。

《诗》曰："在彼无恶，在此无射⑮。庶几夙夜，以永终誉⑯。"君子未有不如此而蚤⑰有誉于天下者也。

◎ 注释

①〔王（wàng）天下有三重焉〕王，作动词用，指治理天下。重，种、层，指治理天下有三种至善的办法。朱熹注释说："三重，谓议礼、制度、考文。"

②〔寡过〕寡，少。过，错误。指少犯错误。

③〔上焉者，虽善无征〕上，夏商时代的礼制。朱熹注释说："上考者，谓明王以前，如夏商之礼虽善，而

皆不可考；下焉者，谓圣人在下，如孔子虽善于礼，而不在尊位也。"征，证明、验证。指治理天下首先要解决善政措施的依据问题。

④〔下焉者，虽善不尊〕下，在下位的人，如孔子。尊，尊严、尊贵。指治理天下其次的任务是解决虽善政但君主威望不尊的问题。

⑤〔本诸身〕指君子之善道要从自身的善心出发，也就是儒家的"忠恕之道"。

⑥〔征诸庶民〕君子的善政要在民众那里得到验证。

⑦〔考诸三王而不缪〕考，考察。缪，同"谬"，错误。指君子善政要考察夏、商、周三代先王的事迹，这样才能不犯错误。

⑧〔建诸天地而不悖（bèi）〕悖，违反、冲突。指建立的制度与自然不冲突。

⑨〔质诸鬼神而无疑〕质，询问。鬼神，朱熹注释说："鬼神者，造化之迹也。"无疑，没有疑惑。古代帝王的重大行动都要通过占卜向鬼神质询，不过儒家将鬼神的概念人文化了，将其视为自然背后万物造化的轨迹。

⑩〔百世以俟（sì）圣人而不惑〕俟，等待。不惑，没有困惑。指百世之后出现的圣人也不会困惑。

⑪〔为天下道〕道，道路，规律。朱熹注释说："道，兼法、则两点。"指君子的行为成为后世天下人所

共行的道路。

⑫〔天下法〕法，法度。指君子的事迹成为后世天下人的法度。

⑬〔天下则〕则，规则。指君子的言论成为后世天下人的规则。

⑭〔有望〕有威望。

⑮〔在彼无恶（wū），在此无射〕恶，厌恶。射，朱熹注："射，厌也。"指那边的人不会厌恶，这边的人也不会厌烦。

⑯〔庶几夙（sù）夜，以永终誉〕庶几，几乎。夙，早。永终，长久。指几乎每天都是起早贪黑地工作，才能获得长久的好声誉。此二句与注释⑮二句均出于《诗经·周颂·振鹭》。

⑰〔蚤（zǎo）〕同"早"。

◎ **大意**

治理天下的君王只要掌握三种重要的善道，就可以少犯错误。首先要解决善政的依据问题，因为虽为善政但没有依据，百姓就不会相信。其次是解决行善政的君王威望不尊的问题，不然治道虽善，但没有尊严百姓也会不服从。

所以君子治国，其善政要从自己的本心出发，在百姓中得到验证，要考证三代之王的事迹而不相违背，建立制度不能与自然相冲突，要质询鬼神而没有疑惑，百世之后出现的圣王也不会感到困惑。质询鬼神而没有疑惑，这就是知天；百世之后的圣人也不会反对，这就是知人。所以君子的活动可以成为天下人的必由之路，君子的行为可以成为天下人必须遵行的法度，君子的言论可以成为天下人必须遵守的规则。距离君子虽远，百姓可以感受到他的威望；距离君子虽近，百姓也不会感到厌倦。

《诗经》说："在那边的人不会讨厌，在这边的人不会厌烦。几乎每天都起早贪黑地工作，才能得到天下人长久的赞誉。"君子没有不这样做就能早早得到声誉的。

仲尼祖述尧舜①，宪章文武②；上律天时③，下袭水土④。辟如天地之无不持载，无不覆帱⑤，辟如四时之错行⑥，如日月之代明⑦。万物并育而不相害⑧，道并行而不相悖⑨，小德川流⑩，大德敦化⑪，此天地之所以为大也。

◎ 注释

①〔祖述尧舜〕祖述，尊崇弘扬远古的尧舜之道。朱熹注释说："祖述者，远宗其道。"因为关于尧舜时

代，仅有传说了。

② 〔宪章文武〕宪章，效法、遵从周文王和周武王留下的周礼。朱熹注释说："宪章者，近守其法。"因为孔子的时代离周朝不远，周礼仍然在实行。

③ 〔上律天时〕律，顺从、遵循。朱熹注释说："律天时者，法其自然之运。"自然，天时运动的规则。

④ 〔下袭水土〕袭，因袭、顺从。朱熹注释说："袭水土者，因其一定之理。"即按照土地与河流的规律生产。

⑤ 〔覆帱（fù dào）〕犹覆被，谓施恩、加惠。

⑥ 〔四时之错行〕四时交错运行。

⑦ 〔日月之代明〕日月在白天夜晚轮流发光。

⑧ 〔万物并育而不相害〕万物共同生长而不互相伤害。

⑨ 〔道并行而不相悖〕万物运行的规律并行而不相互冲突。

⑩ 〔小德川流〕小德，指万物之间并育而不相害的具体品德。川，小的河流。

⑪ 〔大德敦化〕大德，指万物之间可以通行的普遍道德。敦化，督促、勉励。

◎ **大意**

孔子继承并弘扬尧舜的圣迹，遵行效法周文王、周武王开创的礼乐制度；上遵循自然运行的规则，下顺应水土的本性。（孔子的思想）好像天地一样，没有一种事物不被其承载、被其覆盖，好像春夏秋冬四时一样交错运行，好像日月一样昼夜轮流发光。宇宙间的万物共同生长而不相互伤害，万物运行的规则并行而不相互冲突。小德像河流一样各行其道，大德则可以促进万物的共同发育。这就是天地之所以伟大的原因。

唯天下至圣①，为能聪明睿知②，足以有临③也。宽裕温柔④，足以有容也；发强刚毅⑤，足以有执⑥也；齐庄中正⑦，足以有敬也；文理密察⑧，足以有别⑨也。

溥博渊泉⑩，而时出之。溥博如天，渊泉如渊。见而民莫不敬，言而民莫不信，行而民莫不说⑪。是以声名洋溢乎中国，施及蛮貊⑫。舟车所至，人力所通，天之所覆，地之所载，日月所照，霜露所队⑬：凡有血气者，莫不尊亲⑭。故曰，"配天⑮"。

◎ 注释

①〔至圣〕最高的圣人。

②〔聪明睿（ruì）知〕聪，听力强，善于收集信

息。明，眼力强，能够看到事物的本质。睿，思维能力强，深明通达。知，同"智"，知识广博而有智慧。

③〔足以有临〕临，居上治下，指具有治理天下的能力。

④〔宽裕温柔〕宽裕，胸怀宽广。温柔，性情柔和适度。

⑤〔发强刚毅〕发，奋发。强，强大。刚，坚决。毅，坚定。指圣人还具有坚强果决的一面。

⑥〔足以有执〕执，决断。指具有足够的决断力。

⑦〔齐庄中正〕齐，整齐。庄，庄重。中正，端庄不偏。

⑧〔文理密察〕文，文章。理，条理、道理。密，详细。察，明察。指圣人处理事务时理智、细致、周到。

⑨〔足以有别〕别，分析差别。指能够辨别是非、对错。

⑩〔溥（pǔ）博渊泉〕溥，广博、周边。博，众多。渊泉，有源之泉。

⑪〔行而民莫不说〕说，同"悦"。指行动使得民众喜悦。

⑫〔蛮貊（mán mò）〕古代边远地区的少数民族的称呼。

⑬〔队〕同"坠"。

⑭〔莫不尊亲〕莫不，没有不。尊亲，尊敬自己的亲人。

⑮〔配天〕朱熹注释说:"配天,言其德之所及,广大如天也。"

◎ **大意**

天下唯有至圣之人,才具有聪明的头脑和深远的智慧,能够临民治理天下。至圣之人具有宽广的胸怀和温柔的心态,可以包容万物;至圣之人具有坚毅果敢的性格,能够对复杂事物做出决断;至圣之人庄重公正,使人感到敬佩;至圣之人才思缜密,能够分辨是非优劣。

(圣人的品德言行)如同遍布的源泉,任何时候都可以流露出来,他们的思想就像天空那样高远,像深泉那样不会枯竭。他们出现在民众面前,民众没有不敬重的。他们说的话,民众没有不相信的。他们的行为,民众没有不喜欢的。因此,他们的名声在中原各国传扬,并传播到边疆少数民族的地方。凡是车船所能走的地方,人力所能达到的地方,上天所能覆盖的地方,大地所能承载的地方,太阳月亮所能照耀的地方,霜雪雨露所能降下的地方,凡有血气的活人,没有人不尊敬他们,没有人不亲近他们。因此可以说,圣人的思想品德可以与天相配。

唯天下至诚①，为能经纶②天下之大经③，立天下之大本④，知天地之化育。夫焉有所倚⑤？肫肫其仁⑥！渊渊其渊⑦！浩浩其天⑧！苟不固聪明圣知达天德⑨者，其孰能知之？

◎ **注释**

①〔至诚〕最真诚，这里是指最真诚的人。

②〔经纶〕朱熹注释说："经，纶，皆治丝之事。经者，理其绪而分之；纶者，比其类而合之也。"

③〔大经〕朱熹注释说："经，常也。大经者，五品之人伦。"

④〔大本〕朱熹注释说："大本者，所性之全体也。"

⑤〔夫焉有所倚〕夫，语气词。焉有，疑问词，岂有。倚，依靠。整句话的意思是：难道还需要有什么依靠吗？

⑥〔肫肫（zhūn zhūn）其仁〕肫肫，形容仁者真诚恳切的样子。

⑦〔渊渊其渊〕前面的"渊渊"，形容词，水静而深的样子；后面的"渊"，名词，深水潭。指圣人深沉的样子。

⑧〔浩浩其天〕浩浩，形容词，高大宽广。比喻圣

人之德如同天一样高远广大。

⑨〔达天德〕达到天赋道德。

 大意

唯有天下最真诚的人，才有能力掌握治理天下的大纲领，建立天下最根本的道德伦理，知道化育天下万物的道理。至诚的圣人难道还需要依赖什么外在的东西吗？他有出自本心的至诚仁德，他有深沉宽广用之不竭的智慧，他有浩大如天的宽广胸怀。如果不能巩固自己天赋的聪明睿智达到天德的境界，谁又能够理解这些圣人呢？

第五部分 境界篇

《诗》曰:"衣锦尚䌹①",恶其文之著也②。故君子之道,暗然而日章③;小人之道,的然而日亡④。君子之道:淡而不厌,简而文⑤,温而理⑥,知远之近,知风之自,知微之显,可与入德⑦矣。

◎ 注释

①〔衣锦尚䌹(jiǒng)〕衣,动词,穿着。锦,丝绸做的衣服。尚,动词,加上。䌹,麻织的衣服。整句话指穿着丝绸衣服外面还要套上一件麻布衣服。(出自《诗经·卫风·硕人》)

②〔恶(wù)其文之著也〕恶,厌恶。文,文采。著,明显、显著。指讨厌丝绸衣服的文采过于显眼。

③〔暗然而日章〕暗,指隐藏不露。章,同"彰"。日章,指日益彰显出来。

④〔的（dí）然而日亡〕的然，鲜明、显露。日亡，日趋衰亡。

⑤〔简而文〕简朴而有文采。

⑥〔温而理〕温和而有条理。

⑦〔可与入德〕可以进入道德境界了。

◎ 大意

《诗经》说："穿上丝绸的衣服，外面还要套上一件麻布罩衣。"这是由于厌恶丝绸衣服的文采过于显眼。因此，君子的处世之道表面上并不光鲜，而其道德却日渐显著；小人的处事作风喜好张扬，而其势力则日趋衰亡。君子的处事之道，素淡而人不讨厌，简朴而有文采，温和而有条理。知道远处的事情是从近处开始的，明白社会流言是从什么地方发生的，知晓细微的事情将来显著了会是什么样子。这样就可以进入有道德的境界了。

《诗》云："潜虽伏矣，亦孔之昭①！"故君子内省不疚②，无恶于志③。君子之所不可及者④，其唯人之所不见乎？

◎ 注释

①〔潜虽伏矣，亦孔之昭〕潜，隐在水面下。伏，俯卧。孔，很、甚。昭，明显、清楚。指鱼虽然潜伏在水底不动，但人还是看得很清楚。此句出自《诗经·小雅·正月》。

②〔内省不疚〕内省,自我反省。疚,惭愧。君子自我反省而不会感到惭愧。

③〔无恶于志〕不违背自己的志向。

④〔不可及者〕不能达到的地方。

◎ 大意

《诗经》说:"鱼儿虽然潜伏在水底不动,但是人们仍然可以看见它。"所以君子处世,要经常反省内心而不感到惭愧,做到不违背自己的志向。君子对于常人所不可及的地方,就在于这些别人看不到的地方吧!

> 《诗》云:"相在尔室①,尚不愧于屋漏②。"故君子不动而敬,不言而信。

◎ 注释

①〔相在尔室〕相,朱熹注释说:"相,视也。"尔,同"你"。整句话的意思是看你独处于屋中。

②〔屋漏〕朱熹注释说:"屋漏,室西北隅也。"古代房屋西北角,往往有天窗,故称屋漏,是屋子里的隐蔽处。此句出自《诗经·大雅·抑》。

◎ 大意

《诗经》说:"看你(指君子)独处于房间的幽暗隐蔽处,做的事情还能无愧于心。"所以君子没有采取行动,百姓就表示敬重;没有说话,百姓就已经相信了。

> 《诗》曰:"奏假无言①,时靡有争②。"是故君子不赏而民劝③,不怒而民威于鈇钺④。

◎ 注释

①〔奏假无言〕奏假,古代祭祀活动开始前演奏的音乐。无言,没有人说话。

②〔时靡有争〕靡,无。此时消除了争议。此句出自《诗经·商颂·烈祖》。

③〔劝〕得到教育和鼓励。

④〔威于鈇钺(fū yuè)〕威,威力、威慑。鈇,古代的大铡刀。钺,大斧头。指圣人不用发怒,其威力就超过了兵器、刑具。

◎ 大意

《诗经》说:"在祭祀的时候,一旦前奏音乐响起,大家就停止了争议,保持肃静。"君子就是这样不用悬赏,就使民众得到了教育和鼓励;不用发怒,其威慑力就超过了斧钺的刑罚。

> 《诗》曰:"不显惟德①!百辟其刑之②。"是故君子笃恭③而天下平。

◎ 注释

①〔不显惟德〕（周代先王）不欲彰显自己的实力，但他的道德为天下人所知晓。

②〔百辟其刑之〕辟，诸侯。刑，通"形"，指榜样。指周代先王成为众多诸侯的榜样。此句出于《诗经·周颂·烈文》。

③〔笃恭〕敦厚恭敬。朱熹注释说："笃，厚也。笃恭，言不显其敬也。"

◎ 大意

《诗经》说："周代的先王并不彰显自己的实力，但是他的道德却为天下所知晓，成为诸侯们的榜样。"所以，君子敦厚笃实地效法先王之道，天下自然就太平了。

《诗》云："予怀明德①，不大声以色②。"子曰："声色之于以化民③，末也④。"

◎ 注释

①〔予怀明德〕予，我。怀，藏有。指我胸中怀有美好的品德。

②〔不大声以色〕声，声音。色，厉色。以，与。指对人不大声厉色。这两句诗出自《诗经·大雅·皇矣》。

③〔化民〕教化民众。

④〔末也〕末,最后、差等。

◎ **大意**

《诗经》说:"我胸中怀有美好的品德,所以不用大声厉色对人说话。"孔子说:"用高声厉色教化民众,那是最末流的方法。"

> 《诗》曰:"德輶如毛①。"毛犹有伦②。"上天之载,无声无臭③。"至矣④!

◎ **注释**

①〔德輶(yóu)如毛〕輶,轻。指道德很轻,犹如鸿毛。此句出自《诗经·大雅·烝民》。

②〔毛犹有伦〕伦,比。指鸿毛犹有可比之处。

③〔上天之载,无声无臭(xiù)〕载,事物。臭,气味。指上天的事情,没有声音和气味。此句出自《诗经·大雅·文王》。

④〔至矣〕达到了极致,最完美了。

◎ **大意**

《诗经》说:"道德就像鸿毛一样轻盈。"而鸿毛还是有可比之处的。《诗经》又说:"上天的事情,没有声音和气味。"这才把道德形容到了最高的极致。